羊皮紙に眠る文字たち 再入門

黒田龍之助

白水社

文字は怖くない！

四月は新しい外国語の季節である。

日本の若者の多くは、大学に入学して初めて、英語以外の外国語と出会う。英語のときは選ぶも何もなく、当然のように学習が始まったのと比べると、大違いである。初めての自主的な選択、どんなことばを選ぼうかと、ワクワクドキドキかもしれない。

これは語学の教師にとっても、やっぱりワクワクドキドキものなのである。もっとも、いつでも一定の人気がある言語の先生はそうでもないかもしれない。ところがわたしのようにロシア語などという日本では「マイナー」なことばの教師は、「今年は何人受講してくれるのだろうか。もしかして誰もいなかったらどうしよう」などという、学問とはあまりにも無縁で低レベルなことを悩んでいるのである。

実際に最近ロシア語の人気は低い。まずロシア本国がパッとしない。ゴルバチョフという人物が現れてペレストロイカという改革路線を打ち出し、頑なだったソヴィエト体制に変化が現れた頃は、みんな希望を持っていた。ロシア語の人気も急上昇した。ところがいざソ連が崩壊してみれば、いつまでたっても経済はうまくいかないし、マフィアが国内を牛耳って物騒になってくるし、おまけに大統領も病気がちで、明るい話題がまったくない。ついでに日本で先頃世間を騒がせた新興宗教団体がロシアと深い関係にあったと報道されれば、別にその教団の教祖がロシア人ではないにしても、よい印象を持つほうがどうかしている。しかもわたしの勤める大学は理系である。例の教団が怪しげな化学兵器と結び付いていたことは周知の事実。「頼むから化学とロシア語の組み合わせはやめてくれ」と親から説得された学生も実際にいるとか。

非常勤先の外国語大学でも同様である。ここの英米語学科の学生は仏、独、西、伊、中、韓、露、アラビアと、実に八カ国語の中から第二外国語として一つを選ぶことができるが、人気の上位にくるのは中国語やフランス語、スペイン語などに決まっている。まあ、ロシアは日露戦争以来もともと人気がないし、そんなものかなとも思っていた。

ところがこの非常勤先の大学では、不人気ナンバーワンはロシア語ではない。アラビア語である。これは不思議である。中東地域が世界情勢の中で重要な役割を担っていることは、高校出たての大学一年生でも知っているはずである。アラビア語は国際的にも重要語だし、その使用範囲は広範に及び、また国連の公用語でもある。このことばが分かったら大きなメリットになるとは考えないのだろうか。

そしてもう一つの不人気外国語は韓国語である。日本からみれば隣国だから関係は深いし、将来が注目される地域のはずだ。旅行するにしても近くて行きやすいのに、ことばを学ぼうとしないのはどうしてだろう。

理由をいろいろと考えてみた。英米語学科だから欧米志向が強いのだろうか。だが中国語は人気があるのだからこれは違う。ロシア語やアラビア語は文法が難しそうという情報が流れたか（そういうことを言ってもらうと困るんだよねー、語学教師としては）。しかし韓国語は文法が日本語に似ていて学習しやすいことは（真実かどうかはともかくとして）広く言われていることである。これでもない。さて、アラビア語、ロシア語、韓国語、この三つに共通するものはいったい何でしょう……？

答えは「見知らぬ文字を使っている」ということである。ドイツ語、フランス語、スペイン語、イタリア語はどれも英語と同じラテン文字を使っている。中国語はもちろん漢字である。ところが、アラビア語、ロシア語、韓国語はどれもふつうの日本人にとって、あまり馴染みのない文字がそれぞれ使われている。どうやら多くの学生はあの難しそうな文字に恐れをなし、勉強を始める前から敬遠してしまっているのではないだろうか。

モスクワのファーストフード店「ピザ・ハット」。デザインは日本でもお馴染みだが、文字が違う。

文字とはそんなに難しいものなんだろうか。

大学で韓国語を専攻した友人と焼き鳥屋で飲んでいるとき、こんな話が出た。

「僕は一人旅をするのが昔から好きだったのだけど、高校生のとき、旅行関係の雑誌をパラパラめくっていたら、ふと韓国の記事が目に留まったんです。それまでは国内にしか目が向かなかったんだけど、何となく興味がそそられて『地球の歩き方』の韓国編を手に入れて読んだりしたんです。そしたらその『地球の歩き方』の後ろのほうに簡単な韓国語会話集がついていて、これがとても面白くってね、この文字が読めるようになりたいなあと思って勉強を始めたのが、僕の韓国語の始まりなんですよ」

彼は大学の韓国語学科に入学する以前から、韓国語の文字ハングルに取り組んでいたのである。

「大学のクラスメートの中にはハングルを覚えるのがたいへんで愚痴をこぼしている奴もいたけれど、僕はハングルが読めて書けるようになるのがすごく嬉しかったですね」

そういえばわたしのロシア語だってそうだった。やっぱり高校の頃から何の気まぐれか勉強を始めたのだけれど、文字が分かるようになるのはとても楽しかった。退屈な授業のときなど、ノートの端にロシア語でいたずらがきをしたりしては、一人で喜んでいた。わたしにとっても文字は喜びだった。知らなかったことが分かるようになるのは、喜びではないか。

その後大学に入って、聖書ギリシア語を勉強したが、そのときも文字がつらいとは思わなかった。大学院では中世ロシア語を専門に選び、読みにくい文字がぎっしりと並んだ古文書とニラメッコしていたが、それでも楽しかった。

馴染みのある文字を使っていることと、その言語が日本人にとって易しいかということは、まったく別である。文字の困難は言語学習の中で比較的初期に克服されるものである。また文字はそれぞれの言語でその読み方が決まっており、これをきちんと覚えなければ役に立たない。同じラテン文字を使っていても、たとえばjの文字をどう読むかは、言語ごとに違っているのである。中国語の漢字にしたって、日本人はなまじ知っているものだからついつい日本語風に読んでしまい、きちんと身につけるのはやはりたいへんなはずである。またどんな文字の言語にせよ、パッと見てすぐに正しく認識できるようになるには、それなりに時間が必要である。ロシア語やアラビア語だけが特別に難しいように考えるのは正しくない。

そして文字は、本来楽しいものである。

中西亮『文字に魅せられて』（同朋舎出版、一九九四年）を読んでいると、この世の中にはこんなにもさまざまな文字があるのかと感心してしまう。著者は京都の印刷会社社長だったが、世界中の文字に興味をもち、収集・研究をした人物である。この本はさまざまな珍しい文字資料の写真と、著者の文字に対する愛情に溢れた文章で満ちており、本当に楽しい。特にさまざまな文字の写本を求めて世界各地を旅する話は、安っぽいタレントの似非貧乏旅行記なんかよりもずっと冒険に満ちている。

この本の中から「アルメニアの古文書を手に入れた話」の一部を引用したい。著者はアルメニアの手写本を求めてニューヨークの古書店を捜し回り、その中の一軒がもっているということを電話で聞き、早速駆け付ける。

モスクワのロシア料理ファーストフード店「ルースコエ・ビストロ」。看板ではタテ書きもある。

「幸い電話を覚えていてくれて中へ招じられ、棚の上のいくつかのインキュナブラ（古い印刷本）をみせられた。アルメニアの手写本をというと奥の部屋からずっしりと重い箱をもってきた。箱の中の本は厚さ八センチ、B5判位の大きさの革表紙、中味はまがうかたなきアルメニア文字の手写本、各所には彩色の絵まで入っている完本である。わたしはうなってしまった。

すばらしい良品だが高くてとても手がでない。もっとうすい本か、断片はないのかと聞くと、小物は皆売れてしまって、最後にこれだけが残っているのだという。

大分考えた末、丁寧に礼をいってこの本はしまってもらい、別のネストリアン・シリア文字の手写本断片（それでも三十二ページあった）を買う事にする。店を辞してホテルへ戻る途中もいろいろと考えた。それでも決心がつきかねてホテルに戻ってから妻に相談した。『あんた、そういうもんを買いにわざわざニューヨークまで来たんやないですか、お金はなんとかしまひょ、アルメニア本はもう二度と見付からへんかもしれまへん。きっと後悔しはりまっせ』といってくれた。有難い」

もちろんこの著者が世界のあらゆる文字に通じ、自分のコレクションのすべてを読んでいるわけではないだろう。むしろ文字というものを一つの芸術ととらえ、その美しさを鑑賞して楽しんでいるのである。そういえば書道やカリグラフィーというもののもあるではないか。文字の形そのものの美しさを楽しむということもできるのである。

世界には本当に数多くのことばがあって、その向こうにはこれまた多様な文化が存在する。何を選ぶかは本人の選択である。英語文化圏ばかりではなく、さまざまな地域に興味をもつきっかけに、外国語がなってくれれば嬉しく思う。ただしこれを選ぶ際に、文字が見慣れなくてちょっと難しそうだからという、つまらない先入観のために選択の幅を自ら狭めてしまうのは、とてもつまらないことである。むしろ新しい文字と付き合いを始めることに、楽しさを見いだしてほしい。

この本はわたしが専門とするロシア語の中の、特に文字に焦点を当ててその魅力に迫ることを目的としている。この文字はロシア語だけでなく、その他にもさまざまな言語に使われていること、そしてこの共通の文字を使っている地域がどんな関係にあるのか、そもそもこの文字はどんな歴史を持っているのか、またこの文字で書かれた本はどのようにして生まれたかなどを探り、日本人にはあまり知られていない、大きな文化圏の一部を紹介したい。

⁂

この「まえがき」が書かれたのは二〇世紀末。それから世の中は大きく変わった。嬉しいのは韓国語が人気外国語に変わり、学習者も飛躍的に増えたことである。みんな楽しそうにハングルを勉強している。やはり外国語学習はやる気が大切なのだ。

わたし個人にも変化があった。勤めていた理系大学を辞め、あちこち彷徨った後に、今では「非常勤先の外国語大学」に勤務している。当時は想像すらしなかったことだ。ロシア語に加えて言語学を教えているのだが、ロシア語の人気がないことは相変わらずである。病気がちの大統領は交代し、新興宗教団体との関係も記憶から薄れつつあるのに、かの国は国際社会において、よろしくない方向で話題になることが多い。そういう国の言語は敬遠されてしまうのか。

それでも本書の内容はほとんど変わらない。古いことは古びないのである。だから安心してお読みください。

もくじ

第i章 スラヴ語学入門

「スラヴ諸語」とは何か？

この本は学術論文ではない。だから、一部の研究者だけが知っていればいいような難しい専門用語は、なるべく使わないようにしたいと思っている。それでも、どうしても知っておいてほしいことがいくつかある。その中でももっとも大事なのが、「スラヴ」ということばである。

スラヴとは、ヨーロッパ東部からアジア極東にかけて広く分布する民族の総称である。このスラヴ民族の中には、ロシア人やポーランド人、ブルガリア人などが含まれる。彼らが話す言語は互いによく似ている。比較言語学の成果により、これらの言語は共通の祖先に当たる言語から出来てきた、ということが証明されている。このようなロシア語やポーランド語、ブルガリア語などといった諸言語を、まとめてスラヴ諸語という。そしてこれらの言語が属するグループのことをスラヴ語派という。

話のはじめはどうも定義が多くて堅い。でも学問たるもの、用語は慎重に扱わなければならない。とはいえ、特に人文科学の分野では用語の定義が一致していなくて困る。人によっては同じ用語をまったく反対の意味で使っていることもあって、混乱してしまう。理系の大学生相手にこういう話をすると、一様に信じられないといった顔をする。そりゃそうだ、自然科学の分野で用語がバラバラだったら、薬品は爆発し、ロケットは宇宙に打ち上げられないだろう。

はじめの文にでてきた「諸語」という用語も、言語学の本によって使い方がいろいろと違う。単にさまざまな言語、という意味で使われることもある。ここではそういうつもりで使った。また、比較言語学研究の結果、どうやら親類関係にありそうなんだが、資料不足その他でイマイチそれが証明できない言語グループをさすこともある。中には「語派」の代わりに「諸語」を使っている本もあったりして、本当に戸惑う。まあ、ロケットを打ち上げるわけではないし、人文科学は「一人一学説」というムードがあるので仕方ないか。もっともこの本の中では矛盾の生じることのないよう努力します。

スラヴ語派はインド・ヨーロッパ語族というさらに上の大グループに属している。その名が示すとおり、インドからヨーロッパにかけて、このグループの言語を話す民族は広く分布している。もちろん、この語族に属しているのはスラヴ語派だけではない。たとえばゲルマン語派というグループがある。このグループには英語をはじめ、ドイツ語やオランダ語、それにスウェーデン語やデンマーク語といった、フィンランド語以外のスカンジナヴィア諸国の言語が入る。タキトゥスの『ゲルマニア』もこの「ゲルマン」と関係がある。希元素のゲルマニウムも、ことばとしてはやはり関係があるが、それが健康にいいかどうかはわたしの知るところではない。さらにまた、ロマンス語派というグループもインド・ヨーロッパ語族に属する。この場合、ロマンスとは恋愛物語のことではない。フランス語やイタリア語、スペイン語、ポルトガル語、さらにはルーマニア語（その名称の由来は「ローマ」にまでさかのぼる）などといった言語が、このグループに属しているのである。

このスラヴ、ゲルマン、ロマンスの三つの語派が、ヨーロッパ大陸の言語の多くを占めている（もちろん、すべてではない）。その中で一番名前の知られていないのがスラヴだと思うのだが、これはわたしのヒガミだろうか。

そもそも、このスラヴ諸語が話されている国々が日本であまり馴染みがない。最近は国がさまざま分裂したが、一九八〇年代まででいうと、スラヴ諸語はソヴィエト連邦、ポーランド、チェコスロヴァキア、ブルガリア、ユーゴスラヴィアという五つの国で主に使われていた（主に、といったのはアメリカなどにこれらスラヴ諸語を話す移民などがたくさんいるからで、このような人たちのことも決して無視できないのだが、ここでは触れないでおく）。つまり、どれも皆、社会主義という、日本とは体制の違う国々で話されていたのである。言語や文化の話に政治体制は関係ないと思うのだが、どうも日本のマスコミはGNPの高い資本主義国のほうに興味があるらしく、あまり話題になることがなかった。こうしてスラヴ諸語は偶然にも社会主義諸国の諸言語となっていたのである。しかし、逆は真ではないのでご注意を。社会主義国の諸言語がすべてスラヴ諸語なのではない。いわゆる「東欧」に含まれていたルーマニアやアルバニア、ハンガリーの言語はスラヴ語派には入らない。ルーマニア語は先ほども触れたようにロマンス語派、アルバニア語はインド・ヨーロッパ語族には属すもののグループをなさない一匹狼である。ハンガリー語はこのインド・ヨーロッパ語族ですらなく、フィンランド語などとともにウラル語族という別のグループの言語で、中央ヨーロッパで孤島のように存在しているのである。

いまではこれらスラヴの国々のすべてで体制も変わった。転換期には新聞やテレビでも多少とりあげられたが、それも一時的なものだった。相変わらず「スラヴ」は馴染みのないことばである。しかし、特に言語文化を語る場合、この「スラヴ」という概念はとても大切である。民話やフォークロアでは実際に共通性もある。十九世紀にはこの「スラヴ」という名のもとに民族運動が展開されたこともあった。そして何よりも、スラヴ諸語はお互いにとてもよく似ている。人間でいえば親戚みたいな関係にあることは、誰が見てもすぐに分かる。

似ている、ということはなかなか楽しい。「ものまね歌合戦」といったような番組がウケるのも、やっぱり似ている楽しさではないだろうか。また、親子や兄弟がよく似ていたりすると、たとえば赤ちゃんがお母さんによく似ていたりすると、近所のオバさんは素っ頓狂な声をあげて喜ぶ（この気持ちはよく分からない）。わたしはロシア語を勉強していて、ふと他のスラヴの言語を覗いてみたら、なんだか妙に似ていることに気づいて、とても面白く感じた。真面目な人は「このような近い関係の言語を学習するとロシア語が崩れる」といって近寄ろうとしなかった。ところが「モノマネ」の大好きな軽薄なわたしは、逆に「似ている」が故に他のスラヴの言語にも魅せられていったのである。この気持ちはいまでも変わることがない。はじめは似ているところが面白かったのだが最近では、似てはいるけれど、それでもしっかりと違っている部分が面白くなってきた（これは表裏一体で、同じことかもしれないが）。どうも真面目な研究者から見ると、わたしの興味はとてもシロウトっぽいらしい。

ただし、スラヴ諸語とモノマネではまったく違うところがある。モノマネはオリジナルがあってのマネなのだが、スラヴ諸語はどれもがオリジナルであり、たとえば言語人口の一番多いロシア語がオリジナルだとか、偉いというようなことは決してないのである。

それでは、そのよく似ているスラヴ諸語の世界を覗いてみることにしよう。

どうして「スラヴ諸語」は似ているのか？

わたしがロシア語を教えている社会人の中に、たいへんな映画ファンの女性がいる。文芸映画が中心だが、ロシアに限らず中央アジアやカフカース、スラヴ圏の映画もよくチェックしている。わたしがスラヴ諸国に興味があることを知って、いろいろな映画情報を教えてくれたり、ビデオを貸してくれたりするので、とても助かっている。

この女性が、ポーランドやセルビアの映画などを見てときどき感想を話してくれるのだが、そのときに「ことばがなんだかロシア語に似ている気がした」と付け加えることがある。ポーランド語やセルビア語は一度も勉強したことがないのに、聴いていると字幕を見るより先に意味が分かってしまうことがあるのだという。そしてわたしに次のような質問をする。「こういうことばって、ロシア語に似ているんでしょうか」。

スラヴ諸語はお互いよく似ている、と言われている。ではどこが、どれくらい似ているのだろうか。この問いに正しく答えるのは難しい。「似ている」というのは相対的な評価である。何か絶対的な基準をもって、たとえば数値などで示せるわけではない。だから、ある人は似ていると思っても、別の人はそうでもないと思うかもしれない。

そのため「ロシア語とポーランド語は似ていますか」という質問に対する正確な答えは、「そうですね。ロシア語と日本語とを比べたときよりは似ているでしょうね」となってしまう。しかしこの答えが質問者を満足させることは決してない。そんなことは当たり前だ。かえってこちらが答えをはぐらかしているようにとられ、友人を失うことになる。

そこで少し方向を変えて、まずはその「似ている」といわれている、スラヴ語派に属するメンバーを紹介しておこう（図1を参照）。

ここでは伝統的に三つの語群に下位分類がなされている。これは歴史的な観点からの分け方である。同じ語群に属する諸言語はさらに近い関係にある。もっともこの分け方も便宜的なところがあり、別の語群に属しているからといって関係が薄いというわけでもない。たとえばウクライナ語がロシア語と非常に近い関係にあることは確かなのだが、歴史的な交流の結果、ポーランド語の影響を強くうけているのもまた事実である。

ここには十三の言語が挙がっているが、これとは違った見解をもつ研究者もいる。たとえば、ポーランドの北東部、ヴィスワ川下流左岸地方で約二〇万人に話されていることばを「カシューブ語」という一つの言語だと主張する人もいるが、ポーランド語の方言であるとして、独立の言語とはみなさない立場もある。マケドニア語はもちろん、北マケドニア共和国の公用語なのだが、それすら、ブルガリア語の方言に過ぎないと考える人もいる（いまではさすがにこのような主張には無理があると思うし、主流でもない）。何をもって一言語とするのかというのは微妙な話で、これは言語学よりもむしろ政治学・歴史学の問題であり、わたしとしても判断しかねるところが多い。さらに最近では、カルパチアや旧ユーゴの一部地域のウクライナ系少数民族が各地で「ルシン語」を主張したり、イタリア北東部には「レジア語」があったりと、スラヴ諸語もまた実に多様な世界を形成しているのである。本当はこのようなさまざまな動きも念頭に置いて、初めてスラヴ諸語の全体像が浮かびあがってくるのだが、わたし自身もそのすべてを正確に捉えているわけではなく、どうしても話を限定せざるをえない。

これらの言語はすでにお話ししたように、ある一つの言語がだんだんに分かれていったものと考えられている。まるである一組の夫婦から子供たちが生まれ、その子供たちもさらに結婚して子供を産み、子孫が繁栄して大きな一族ができるようなものだ。だからスラヴ諸語にも、共通の祖先にあたる言語が大昔にはあったはずだ、と考えることができる。この言語は、みんなの祖先にあたる言語という意味で「スラヴ祖語」と呼ばれている。

しかしこのスラヴ祖語の時代にはまだ文字が使われていたわけではなく、記録は何も残っていない。それでも祖先がいなければ子孫が生まれるわけはないので、存在したことは間違いないはずだ。

図1 スラヴ諸語

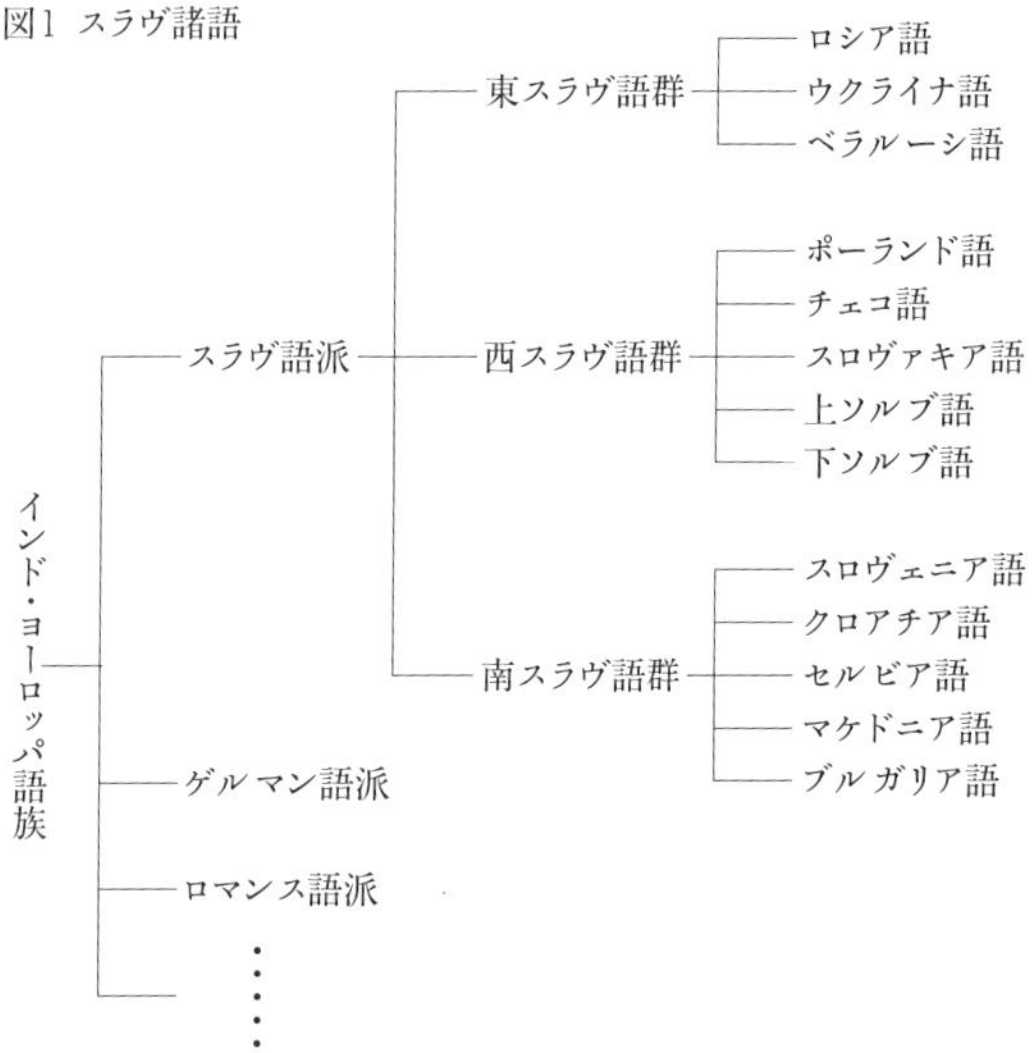

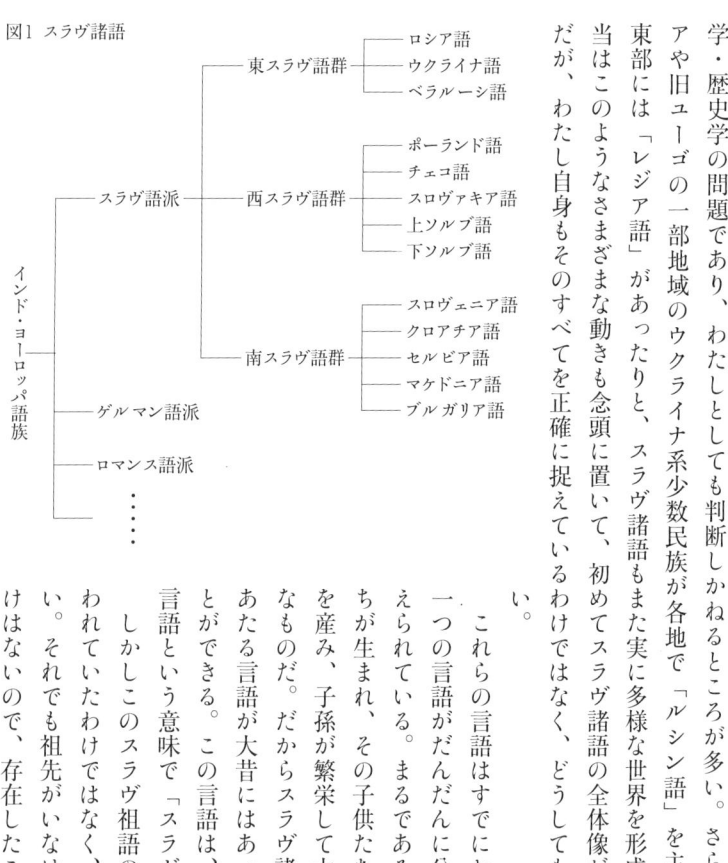

そこで学者たちが集まって、かつてのご先祖様のお姿、すなわちスラヴ祖語を再構築しようと考えた。しかし何の資料もないのに、どうやって昔の姿を復元すればよいのだろう？　ここでスラヴ諸語がお互いよく似ているところに注目するわけである。当時の記録の代わりに、なるべく古い文字資料を参考にするのはもちろんだが、その他にも現代語の中のさまざまな要素をもとにして、スラヴ祖語を「作って」いったのである。したがっていくら一流の学者たちが慎重に再構築していったとはいえ、これはあくまでも学問上の仮説である。一族の古い写真や現在の家族の顔をもとに、ご先祖様の顔を復元することは現代の技術ならある程度できるはずだ。しかしこれもひとつの可能性に過ぎないことは、容易に想像がつくと思う。

さてさて、ご先祖様を同じくするこれらのスラヴ諸語、やっぱり似ていて当然なのである。ロシア語を多少齧ったことのある人がポーランド映画を見たり、ユーゴスラヴィアのドキュメント番組を見て、そのことばに耳を傾けてみれば、なんとなく知っているような単語が聞こえてきたり、理解できる表現があったとしても不思議ではない。

これはなにもスラヴ語派に限ったことではない。たとえばスペイン語がよくできる人にはイタリア語がやさしいとか、フランス語もけっこう見当がつく、といったようなことは広く言われているところである。これはつまりロマンス語派でも同じような事情があるんだということが想像できる。

ロシア語を勉強していたらポーランド語まで少し分かるなんて、なんだか得した気分でちょっと嬉しい。フランス語、スペイン語、イタリア語といった「メジャーな」グループにはかなわないけれど、この「ちょっと嬉しい」という気分は外国語を学習していく上で大切なことである。教師としてはこの気持ちをうまく生かしたいところだ。そうなんですよ、ポーランド語の他にもチェコ語やブルガリア語なんかも聞いてみるといろいろ楽しいですよ。民謡のCDでも聴いてみたらいかがですか？　しかしもし、「ロシア語と似ていて簡単に覚えられそうだから、ポーランド語も勉強してみようかと思います」と言われたら、それはちょっと待ってくれと言いたい。

たしかにロシア語の知識があればポーランド語の学習に有益なことが多い。しかし逆に、余計な知識があるために勘違いしたり、混乱したりということもおこるのである。

チェコ、プラハにて。ビヤホールか地下室か、それが問題だ。

わたしがポーランドのある小さな町でポーランド語のセミナーに参加していたときのことである。ある朝クラスに行ったら、教室の中に机や椅子がない。前日に何かに使うためにどこかへ持っていったらしい。

ポーランド人の先生はこう言った。「困りましたね。これでは授業になりません。仕方がないからみんなでpiwnica〈ピヴニツァ〉に行きましょう」。

わたしはわが耳を疑った。piwnicaというポーランド語は知らない。しかしチェコ語でpivnice〈ピヴニツェ〉といったらビヤホールのことである。授業をやめて飲みに行こうというのか（そんな、嬉しすぎる）。

先生はみんなについて来なさいという。わたしは半信半疑であとへ従った。先生は教室を出て階段を下り、地下へ行った。

地下の部屋には予備の机や椅子がいっぱい置いてあって、われわれはひとり一つずつこれを教室に運んだ。そして普通に授業をやった。いったいなんなのだ？　わたしは授業中ずっと釈然としなかった。あとで調べたら、ポーランド語でpiwnicaというのは、「地下室」のことであった。

余計な知識があると、ときには間違った類推をしてしまって思わぬ失敗をすることがある。語彙のレベルばかりでなく、文法でも似ているが故に間違えてしまうのだ。これはわたしたち遠いアジアの人間だけが犯す間違いではない。同じスラヴ民族でも注意しないとやっぱり間違えてしまうのである。

似ているからこそ、勉強するときにはその違いを常に意識して区別するように努力しなければ、新しく学ぶ言語はおろか、すでに知っていた言語までおかしくなってしまうことすらあるのである。

ロシア語で使う文字

現代のスラヴ諸語で使われている文字には、キリル文字とラテン文字の二種類がある。このうちラテン文字というのは英語などで使われている日本でもお馴染みの文字で、スラヴ諸語のうち西スラヴ語群に属す言語のすべてと、南スラヴ語群のスロヴェニア語とクロアチア語、それにセルビア語の一部で使われている（ラテン文字を使うスラヴ諸語については、後ほど詳しくお話しする）。もちろん、英語とまったく同じ文字だけではそれぞれの言語の音をうまく示せないので、さまざまな改良を加えて、それぞれ正書法を決めている。

どうしてさまざまな改良をするのか。文字と音の関係はそれぞれの言語の正書法で決まっている規則であり、応用は利かない。つまり同じタイプの文字を使っていても、新しい言語を学習するときには改めてその言語の文字と音の関係を学ぶ必要がある。たとえば同じJapanという文字が並んでいても、英語だったら〈ジャパン〉と読むが、ドイツ語だったら〈ヤーパン〉となるのである。このことは何もラテン文字に限ったことではない。

キリル文字というのは、聞き慣れないかもしれないが、ロシア語などで使われている文字のことである。スラヴ諸語ではどうしてもロシア語だけが飛びぬけてメジャーなので、一般には「ロシア文字」と呼ばれることが多い。しかしこの言い方は正しくない。この文字はロシア語でのみ使用されているわけではない。

キリル文字を使う言語は、ロシア語以外のスラヴ諸語では東スラヴ語群に属すウクライナ語とベラルーシ語、南スラヴ語群のブルガリア語とマケドニア語、それにセルビア語がある。現代ロシア語で使われているキリル文字は全部で三十三ある。ロシア語以外でキリル文字を使う諸言語はこの三十三文字のうちのいくつかを使わなかったり、あるいはさらにいくつかの文字を加えたりしている。ただし同じ形をしているからといって、いつでも同じ音を示すわけではないので注意する必要がある。

むかしむかし、まだソヴィエト時代だった頃、ソ連国内を通訳のバイトで飛び回っていたわたしは、モスクワの空港でアエロフロートの広報誌を見つけた。無料なので機内での暇つぶしにでもと思い、一部もらって飛行機に乗り込んだ。機内でこの雑誌をパラパラとめくって写真などを眺め、短い記事などを読んでみたのだが、どうもへんな「ロシア語」なのだ。意味はだいたい分かる気がするが、あれれ、これって格変化がおかしくないか？　それになんでこんなにъの文字が多いんだろう。雑誌の裏をよく見てみれば小さな文字で「ブルガリア語版」とある。おかしいのはわたしのほうであった。

ブルガリア語はロシア語で使う文字のうちのいくつかを使わないだけで、独特な文字を加えることはしていない。ただしロシア語ではめったに使わないъという文字はブルガリア語ではあいまい母音〈ア〉を表わしているためしょっちゅう用いる。わたしはその頃ブルガリア語に関する知識がまったくなくて、こんな間抜けな失敗をしてしまったのである。

いまの話の中で何気なくキリル文字のうちの一つъが出てきた。これから先いろいろと例が挙がることもあるので、ここで少しキリル文字にはどんなものがあるのか、お目にかけよう。

とはいったものの、これはそう簡単ではない。まず、キリル文字一般の音の話をすることが出来ない理由は、先ほど述べたとおりである。ロシア語ならロシア語、セルビア語ならセルビア語というように、具体的な言語の文字でなければ話のしようがない。一番よいのはキリル文字を使っているスラヴ諸語の一つ一つについて、アルファベット表に加え具体的な単語をいくつか挙げ、テープかCDを聴きながらこれとニラメッコすることである。ところが本書はそういう企画ではなく、わたしがそんなことを言い出したら、担当の編集者Y氏は悲鳴をあげることだろう。わたしとしても編集者とは仲良くお仕事をしたいので、ここでは紙の上で静かに、ロシア語の例を挙げるだけで我慢していただきたい。

ロシア語でも、もちろんアルファベットの順番が決まっている。そうでなければ辞書が引けない。しかしそれ以外では別にこの順番を覚えておく必要もない。大切なのは頭の中に少しでも残ること。すでにご存じの英語と比べながら、次のようにグループ分けをしてみた。（ ）のカナはあくまでも目安である。

①英語と形も音もだいたい同じもの。

а（ア）、к（ク）、м（ム）、о（オ）、т（ト）

②英語と形は似ているが音が違うもの。

в（ヴ）、е（イエ）、н（ヌ）、р（る＝[r]）、с（ス）、у（ウ）、х（ハ）

③英語にはない形。

a．数学に出てくる。

г（グ）、д（ド）、п（プ）、ф（フ）

b．なんだかさっぱり分からない。

б（ブ）、ж（ジュ）、з（ズ）、и（イ）、л（ル≒［l］）、ц（ツ）、ч（チ）、ш（シュ）、щ（シーッ）、ы（ウィ）、э（エ）、ю（ユ）、я（ヤ）。それにё（ヨ）とй（イ）

④記号、ъ、ь

このうち①については問題ない。相撲で言えば不戦勝みたいなものである。③については新たに覚えればよい。このくらいで文句を言っていけない。日本語を学びはじめた欧米人の文字に対する絶望感を考えれば、楽なものである。ちなみにгはガンマー線のガンマなので［g］の音、дはデルタ地帯で［d］の音、пは円周率パイ（π）で［p］の音、фは空集合ファイφで［f］の音となる。何かの参考までに。かつて理科系科目が得意だったかどうかは関係ない。④はこの際無視。

問題は②である。なまじ形に見覚えがあるために、混乱しやすい。

вは［b］ではなくて、［v］の音。日本人はこの［b］と［v］の発音の区別がもともと苦手なので、どうしてもいい加減になりやすい。

еは〈エ〉ではなくて〈イエ〉という音。よく似ているけれど注意。

нは［h］ではなくて、［n］の音。ちなみに小文字でこのнの形。

рは［p］ではなくて、［r］の音。いわゆる巻き舌である。

сは［k］の音になることはなく、いつでも［s］の音。

yは唇を突き出す〈ウ〉の音。

xは〈クス〉ではなく、喉の奥から絞り出す「ハーッ」という音。

そう急に覚えられるものではない。この三十三文字を覚えるだけで、大学の第二外国語の授業ならば一カ月以上かかってしまう。あわてることはない。それにそんなにやすやすと覚えられては、わたしたちロシア語教師は明日から失業してしまう。

ロシア語以外のスラヴ諸語では、それぞれ次のようなユニークな形の文字を持っている。表を眺めていただきたい。◯印のついている文字が、それぞれの言語表記に使用されている（表1を参照）。もう、頭が破裂しそうな気分かもしれない。もちろん、以上のような知識がなければ、この本をこの先読むことができないわけでは、決してない。ここでは本当に簡単にしか紹介していないので、詳しくはそれぞれの言語の教科書を読んでください。

いまのところは文字一つ一つの形を鑑賞していただけたらよいのである。

	ロシア	ウクライナ	ベラルーシ	ブルガリア	セルビア	マケドニア
Аа	○	○	○	○	○	○
Бб	○	○	○	○	○	○
Вв	○	○	○	○	○	○
Гг	○	○	○	○	○	○
Ґґ		○				
Ѓѓ						○
Дд	○	○	○	○	○	○
Ђђ					○	
Ее	○	○	○	○	○	○
Ёё	○		○			
Єє		○				
Жж	○	○	○	○	○	○
Зз	○	○	○	○	○	○
Ss						○
Ии	○	○		○	○	○
Ii		○	○			
Її		○				
Йй	○	○	○	○		
Jj					○	○
Кк	○	○	○	○	○	○
Ќќ						○
Лл	○	○	○	○	○	○
Љљ					○	○
Мм	○	○	○	○	○	○
Нн	○	○	○	○	○	○
Њњ					○	○
Оо	○	○	○	○	○	○
Пп	○	○	○	○	○	○
Рр	○	○	○	○	○	○
Сс	○	○	○	○	○	○
Тт	○	○	○	○	○	○
Ћћ					○	
Уу	○	○	○	○	○	○
Ўў			○			
Фф	○	○	○	○	○	○
Хх	○	○	○	○	○	○
Цц	○	○	○	○	○	○
Чч	○	○	○	○	○	○
Џџ					○	○
Шш	○	○	○	○	○	○
Щщ	○	○		○		
Ъъ	○			○		
Ыы	○		○			
Ьь	○	○	○	○		
Ээ	○		○			
Юю	○	○	○	○		
Яя	○	○	○	○		

表1　現代スラヴ諸語におけるキリル文字

キリル文字の使われている国々

このように、キリル文字は現代スラヴ諸語のいくつかを書き表わすために用いられている。しかしなにもスラヴ諸語にだけ使われている文字ではない。ラテン文字がヨーロッパ以外のさまざまな言語（たとえばヴェトナム語やスワヒリ語）で使われているように、キリル文字もスラヴ圏の外でも用いられているのだ。

その代表がモンゴル語だろう。世界で二番目の社会主義革命を達成し、ソ連の影響を強く受けていたモンゴルは、一九四〇年代にモンゴル語を書き記すためにそれまでのモンゴル文字を捨てて、キリル文字を採用した。もちろん、ロシア語にない文字がいくつか加えられている。いまではまたモンゴル文字に戻そうという動きが活発である。しかし九〇年代の初めにわたしがモンゴルへ行ったときには、モンゴル文字復活運動はまだ始まったばかりで、ウランバートルの町ではキリル文字のほうがずっと多かった。ただしキリル文字は読めてもモンゴル語ができるわけではないわたしにとっては、書いてあることはさっぱり分からない。だいたいこんな発音なのかな、とは想像できても正確なところは皆目不明である。他のスラヴ圏なら意味もなんとなく分かるものが多いのに、ここではお手上げだ。慣れ親しんだキリル文字で、まったく分からないスペルが綴られている。

スラヴ諸語ではないモンゴル語でもキリル文字を使っているのに、同じスラヴ圏でもラテン文字を使う地域がある。どうしてなのだろう。

ここで文字文化圏について少し触れたい。

それぞれの言語がどの文字を採用するかは、言語学的にみればまったく恣意的、つまりどれでもよいはずである。ロシア語をラテン文字で書き表わそうというのならば、それはそれで可能である。ところが実際には文字というものはそれぞれの言語を使う地域の文化、特に宗教と深い関わりをもっている。どの宗教もその教えを伝えるためにはそれを書き残す必要があるわけで、文字はそのための重要な役割を果たすのである。同じ宗教を信仰していれば、当然、同じ文字を使うことになる。だから漢字を使う地域は大乗仏教圏、アラビア文字を使う地域はイスラム文化圏などというようにグループが出来てくるのである。

ラテン文字を使う地域はカトリック・プロテスタント文化圏と結びついている。スラヴ諸語でもラテン文字を使うのはだいたいカトリック圏である。それに対してキリル文字を使う地域は、同じキリスト教でも正教（オーソドックス）というギリシア系キリスト教を信仰している地域である。ソヴィエト時代と違って、最近はロシアでもロシア正教が復活し盛んであるが、正教はなにもロシアに限ったものではない。たとえばセルビアにはちゃんとセルビア正教がある。

もっともこの文字文化圏は宗教とばかり関係があるわけではない。たとえばラテン文字を採用しているインドネシア語はカトリック地域の言語ではないし、先ほどのモンゴルも正教文化圏には属さない。宗教的にはイスラム圏であるトルコや中央アジア諸国で、必ずしもアラビア文字が使われているわけではない。この場合、文字は宗教ではなく政治体制と関係がある。社会主義革命のあとでモンゴルがキリル文字を採用したのは、このような理由による。したがって社会主義から離れようとすれば、必然的にキリル文字からも離れていくのである（強調しておくが、キリル文字は社会主義のために生まれた文字ではない。でも歴史の皮肉でそういう役割を演じることになってしまったのである）。

このように文字は各言語が勝手に採用しているのではなく、宗教や政治などさまざまな歴史的要因をもとに選択されていったのである。

ロシア革命以降、ソヴィエト政府は国内に住むさまざまな民族にキリル文字を与え、あるいは押し付けた。もともとキリル文字を使っていた言語もあるが、文字を持たなかった民族を中心に、中にはそれまで使っていた文字を捨てさせてまでキリル文字化が進められていったのである。文字が政治的な要因を持っているとすれば、当然のことである。

いまでも旧ソ連地域でキリル文字を使う民族は多い。その言語の系統を見れば、スラヴ諸語は先ほど紹介したようにロシア語、ウクライナ語、ベラルーシ語の三つだけで、あとはウラル系、チュルク系などさまざまである。以下に一九八八年現在でキリル文字を採用しているスラヴ諸語以外の言語を列挙する。面倒くさい方は飛ばしていただいてかまわない。わたしにしても面倒なのだが、一つの資料ということで頑張って書くことにする。

アヴァール語、アゼルバイジャン語、アディゲ語、アバジン語、アブハジア語、アルタイ語、イングーシ語、ウイグル語、ウズベク語、ウドムルド語、エヴェン語、エヴェンク語、オセット語、カザフ語、カバルディノ・チェルケス語、カラカルパク語、カラチャイル語、カルムイク語、キルギス語、クムイク語、クルド語、コミ語、コミ・ペルミャク語、コリャーク語、セリクープ語、タジク語、タタール語、ダルギン語、チェチェン語、チュヴァシ語、チュクチ語、ドゥンガン語、トゥヴァ語、トルクメン語、ナナイ語、ニブヒ語、ネネツ語、ノガイ語、ハカス語、バシキール語、バルカル語、ハントゥイ語、ブリヤート語、東マリ語、西マリ語、マンシ語、モルダヴィア語、モルドヴォ・エルジャ語、モルドヴォ・モクシャ語、モンゴル語、ヤクート語、ラーク語、レズギン語。

フーッ、疲れた。それぞれがどんな言語か知りたい人は、どうぞ三省堂の『言語学大辞典』を引いてください。このリストはイストリン『スラヴ・アルファベットの一一〇〇年』（モスクワ、一九八八年）、一八二〜一八三ページに基づいている。現在では別の文字を採用している言語もありうる。

旧ソ連でキリル文字を採用しなかったのは、グルジア語、アルメニア語、それにバルト三国のエストニア語、ラトヴィア語、リトアニア語の計五言語である。グルジアはグルジア文字、アルメニアはアルメニア文字と、それぞれ独自の文字を使い、キリル文字よりも古い伝統を持つ。バルト三国の言語はラテン文字で、カトリックあるいはプロテスタントの文化圏に属している。

それ以外の旧ソ連地域でも、最近ではキリル文字をやめて別の文字、多くの場合はラテン文字を採用しようという動きがある。社会主義と結びついてしまったキリル文字は、社会主義の衰退とともに疎まれる傾向にある。またインターネットのせいで世界中が英語文化圏になろうとしている今日では、ラテン文字がますます有力になってきているのも事実である。これがいいのか悪いのかは、わたしの判断することではない。

それでも、わたしはキリル文字になんとなく親しみがある。

先日、東京のロシア語専門書店で『はじめてのタタール語辞典』（カザン、一九九五年）という子供向きの本を買った。別にタタール語に興味が出てきたわけではないのだが、その本の装幀のよさとイラストのかわいらしさに魅せられて、どうしても欲しくなってしまったのである。ページを開くとカラフルな挿し絵と並んで、ロシア語とタタール語が常に併記されていて、ロシア語の読める子供たちがタタール語に親しめるようにした、とまえがきにある。わたしはイラストとロシア語を見ながら、キリル文字で書かれたタタール語の音と意味を想像する。見慣れたキリル文字に知らない文字が混ざり、不思議なスペルが綴られている。これを読む子供たちはどんな気持ちなんだろう。

ラテン文字を使うスラヴ諸語

スラヴ諸語のうち、主としてカトリック文化圏に属する地域の言語では、ラテン文字が使われている。具体的には西スラヴ語群に属するポーランド語、チェコ語、スロヴァキア語、ソルブ語、また南スラヴ語群では、スロヴェニア語とクロアチア語、それにセルビア語の一部が、ラテン文字で書き表わされる。

近年、旧「東欧」と呼ばれた地域の国境線がいろいろと変わり、多くの独立国が生まれた。その結果、上に挙げた言語の名称のほとんどがそのまま国名になったので、こういうときには説明しやすい。少し前までは、旅行のガイドブックなんかに「チェコスロヴァキア語」とか「ユーゴスラヴィア語」などと平気で書いてあったりして、うんざりした（そんな言語はないんですよ）。もっとも、独立したことと知名度が上がるのとは別なので、あまり期待しないほうがよい。たとえばスロヴェニアに行ってきたと言っても、それがアルプスの東に位置するヨーロッパの小国であると分かる人はあまりいないし、なまじ旧ユーゴスラヴィアの一部だと知っている人は、「今、危なくないですか」などと的外れなことを言うのでため息が出る。

このうちソルブ語だけはあまりにもマイナーなので、ほんの少し解説しておく。

現在のドイツ、ついこの間まで「東独」と呼ばれていた地域の東のはずれ、チェコおよびポーランドと国境をなすあたりに、シュプレー川という川が流れている。この川沿いにスラヴ民族の小さな集団が住んでいる。彼らをソルブ人という。このあたりは昔、ドイツ人とスラヴ人の接点であったが、いまではもちろん、ドイツ勢力のほうが圧倒的に強い。このソルブ人の言語であるソルブ語も、周りをドイツ語の「海」に囲まれて、いまや風前の灯火である。その使用人口は五万とも八万ともいわれているが、とにかく全員がドイツ語とのバイリンガルである。しかもただでさえ小さな民族なのに、その標準

ドイツ、バウツェンにて。地元の駅もドイツ語とソルブ語の二重表記。ソルブ語のほうが小さいのが悲しい。

文章語は、「上ソルブ語」と「下ソルブ語」の二種類がある。なんとも面倒くさい話だが、歴史的経緯で仕方がない。地図で見ると「下」、すなわち南にあるのが「上ソルブ語」の地域で、反対に「上」、つまり北にあるのが「下ソルブ語」の地域となるので、一瞬、逆ではないかと思ってしまう。これはシュプレー川を基準に、川上か川下かでその名称を決めたからで、間違いではないのです。

一九九三年に、上ソルブの中心都市である、ブディシン（ドイツ名はバウツェン）を訪れた。町並

	ポーランド	チェコ	スロヴァキア	上ソルブ	下ソルブ	スロヴェニア	クロアチア
Aa	○	○	○	○	○	○	○
Ąą	○	○	○	○	○	○	
Áá		○	○	○	○	○	
Ää			○	○	○	○	
Bв	○	○	○	○	○	○	○
Cc	○	○	○	○	○	○	○
Ćć	○		○	○	○		○
Čč		○	○	○	○	○	○
Dd	○	○	○	○	○	○	○
Ďď		○	○				
Dz dz			○				
Dž dž			○				○
Dź dź				○	○	○	
Đđ							○
Ee	○	○	○	○	○	○	○
Ęę	○	○	○				
Éé		○	○				
Ëë		○		○	○		
Ff	○	○	○	○	○	○	○
Gg	○	○	○	○	○	○	○
Hh	○	○	○	○	○	○	○
Ch ch		○	○	○	○	○	
Ii	○	○	○	○	○	○	○
Íí		○	○	○	○	○	
Jj	○	○	○	○	○	○	○
Kk	○	○	○	○	○	○	○
Ll	○	○	○	○	○	○	○
Łł	○			○	○	○	
Ľľ			○	○	○	○	
-ĺ			○	○	○	○	
Lj lj							○

	ポーランド	チェコ	スロヴァキア	上ソルブ	下ソルブ	スロヴェニア	クロアチア
Mm	○	○	○	○	○	○	○
Nn	○	○	○	○	○	○	○
Ńń	○			○	○		
Ňň		○	○	○	○	○	
Nj nj							○
Oo	○	○	○	○	○	○	○
Óó	○	○	○	○	○	○	
Ôô			○		○	○	
Pp	○	○	○	○	○	○	○
Qq	△	△	△	△	△		
Rr	○	○	○	○	○	○	○
Řř		○		○			
-ŕ			○		○		
Ss	○	○	○	○	○		
Śś	○				○	○	○
Šš		○	○	○	○	○	○
Tt	○	○	○	○	○	○	○
Ťť		○	○				
Uu	○	○	○	○	○	○	○
Úú		○	○				
Ůů		○					
Vv	△	○	△	△	○	○	○
Ww	○	△	△	○	○		
Xx	△	△	△	△			
Yy	○	○	○	○	○		
Ýý		○	○				
Zz	○	○	○	○	○	○	○
Źź	○				○		
Żż	○						
Žž		○	○	○	○	○	○

表2　現代スラヴ諸語におけるラテン文字　＊△は外来語のみで使う文字であることを示す。

みはごく普通のドイツの田舎町だが、町の中心部にあるお店の看板や通りを示すプレートなどで、ドイツ語とともにソルブ語が併記されているのが目を引いた。ドイツ民主共和国時代にソルブ語が保護されていたことが窺われた。「ドモヴィナ」というソルブ語専門書店は、ソルブ語普及活動の拠点でもあるのだが、ここで本を眺めていたら、子供が入ってきた。ここに来るのだからソルブ人で、しかもソルブ語だってある程度読める子なんだろうが、それでもドイツ語で「グーテンターク！」と挨拶しながら元気にドアを開けたのを見たとき、この言語の将来はかなり辛いだろうと思ってしまった。

すっかり横道に逸れてしまったが、この小さなソルブ語も、上・下ともラテン文字を使っている。

これらラテン文字を使っているスラヴ諸語は、一見とても楽に入門できそうな気がする。実際、何かのきっかけでこのような言語に触れる日本人は、すでに英語を勉強した経験があるのが常なので、文字に関しては問題がないように思える。ところが、チェコ語にしてもポーランド語にしても、それぞれ英語にはない音があって、それを表わさなければならないから、英語のアルファベット二十六文字だけでは間に合わない。また使わない文字も出てくる。そこで同じラテン文字を使うとは言っても、それなりの工夫が必要となってくる。

それぞれのスラヴ諸語でどのような工夫がなされているかは、具体的に入門書なり、概説書なりを読まれたほうがよい。ここでは工夫の仕方として、「チェコ語型」と「ポーランド語型」を紹介する。

チェコ語の文は十三世紀頃よりずっとラテン文字で書かれている。しかしこの文字はチェコ語を表わすためにはもちろん不十分であった。初めのうちは一つの文字を何通りにも読ませたりしていた。たとえばcの文字が〈ク〉〈ツ〉〈チュ〉など、複数の音に対応していたのである。さらにkもやっぱり〈ク〉と読ませるわけで、これでは不便で分かりにくい。そこで十四世紀頃からこのラテン文字を組み合わせたり、さまざまな記号を付して音を区別するようになってきた。十五世紀になってこれを大きく推し進めたのがチェコの宗教改革で知られるヤン・フスという人で、文字の上に記号をつけることによって発音の違いを示す方式を導入したのである。この路線は基本的には今日まで続いている。しかしこの方式はすぐに採用されたわけではなく、十六世紀の終わりになって「チェコ同胞兄弟団」という宗教団体がこれをさらに改良しつつ広めていくことになったのだ。

現代のチェコ語は長母音を示すために、´（チェコ語でチャールカ、a、o、u、e、i、yの上につく）、またuにはさらに小さい丸。（チェコ語でクロウジェック）の記号をつける。それから小さなVのような記号（チェコ語でハーチェック）はe〈エ〉をě〈イエ〉、c〈ツ〉をč〈チュ〉、s〈ス〉をš〈シュ〉、z〈ズ〉をž〈ジュ〉に変え、さらにはrの上につけてチェコ語独特のřという、巻き舌のrを発音しながら指で両頬を押さえ付けると出るような、とんでもない音を示す。またこの記号がN・T・Dにつけばそれぞれのいわゆる「軟音」を表わすのである（軟音とは何か、ここでは突っ込まないことにしておいてください）。

このようにチェコ語は「一音一文字」という原則に基づいて書き表わされている。

しかし、原則はあくまで原則で、なにごとにも例外はつきもの。チェコ語でも、のどの奥で擦れるような〈フ〉の無声音だけは、chという二つの文字を用いて表わされる。

これに対して、記号を付すのではなく、複数の文字を用いて一つの音を表わす、というのがもう一つの方法である。これを広く採用しているのがスラヴではポーランド語なのである。

ポーランド語にしても、ラテン文字を使うからにはやはりすべての音を表わすには不十分で、昔々の十二世紀から十三世紀にかけては、一つの文字が複数の音を表わすことがあった。それが十四世紀になると、複数の文字で一つの音を表わすことが広まってきた。これは現代ポーランド語にまで続いており、たとえば〈チュ〉はcz、〈シュ〉はszというように書く。さらに十五世紀になると、さきほどのヤン・フスの影響を受けて、文字の上下に記号をつける方式も採りいれられた。現代でもśが〈シ〉、źが〈ジ〉というように、この方式を採用している。

このように見てくると、スラヴ諸語でラテン文字にない音を表わすには、次の二つの方式があることになる。

1　付属記号方式（＝一音一文字方式、チェコ語型）

2　複数文字方式（＝無記号方式、ポーランド語型）

ポーランド語はチェコ語以上に両方の方式が混在しているが、スラヴ諸語の中では一番「複数文字方式」を多く取り入れているので、一応この代表格としておく。

また、第三の方式として、一つの文字に複数の読み方を与えることも考えられるが（たとえば、スラヴではないけれど英語なんかはまさにこの方式である）、スラヴ諸語ではこのような方式が中心になっている言語はあまりないのでここでは考えない。

以上のような視点から考えると、ラテン文字で表わされる他のスラヴ諸語はどうであろうか。

スロヴェニア語はこのうち、ほぼ完全な付属記号方式を採用している。複数の文字で一つの音を表わすことはない。しかしその反対に一つの文字がその置かれた位置やアクセントの種類によって、複数の音を示すことがあるから、完全な一対一対応とはいかない。

その他の言語は多かれ少なかれ二つの方式が混在している。付属記号方式が全体に優勢だが、複数文字方式がまったくないというわけではない。下ソルブ語だけはポーランド語正書法の影響を受けているので複数文字方式がわりと採用されている。

この二つの方式ではどちらのほうが優れているのだろうか。

これはなんとも言えないが、少なくとも複数文字方式だと単語が長くなることは間違いない。文をぱっと見て正しく認識するのがたいへんになる。一方、付属記号方式だと記号が煩わしくて目がチカチカする。まあ、これも慣れなのだが。

複数文字方式だと、見慣れた文字ばかりなので安心して、勝手に自分の知っている言語の読み方で読んでしまうので、大失敗することがある。ポーランドのクラクフを舞台にしたさる本を読んでいたら、その中で、主人公と同じアパートに住む「ツァジコウスキ」なる人物が登場する。ポーランド人にしては変な名字だなあと思っていたが、ラテン文字で表記することを考えてやっと謎がとけた。Czajkowski――すなわち「チャイコフスキ」なのだ（有名なロシアの作曲家とは別だが、そんなに珍しい名字ではない）。知らないことには気をつけなければならない。

では、一音一文字方式ならば、問題はないのか。インターネットでホームページをみていると、この一音一文字方式を採用している言語では、付属記号つきの文字がことごとく「文字化け」を起こし、ラテン文字の間に密教の呪文のような難しい漢字が混じってしまうのだ。あーぁ。

モスクワかマスクヴァか？

見慣れない文字の言語、ロシア語の教師をしていると、新学期は特にたいへんだ。もともと、初歩を教える語学教師はみんな体力勝負といったところがある。ただでさえ人前で声を出すのが嫌いな日本人に「さあ、いっしょに発音してみましょう」といって音を出してもらうだけでもたいへんなのである。しかもロシア語の発音では、日本語以上に口を開ける必要があり、たとえば〈ウ〉なんかは、タコみたいに口を突き出して発音しなければならないので、なおさら恥ずかしい。ある社会人クラスで教えていたときだが、机をコの字形に並べ直して皆で向き合えるようにしましょうといったら、それだけで大反対したおばあさんがいた。「人には言えぬ理由により、絶対にやめていただきたい。そんなことをしたらわたしは来週から来ない」とまで「脅迫」されてしまったが、理由を言えないならどうしようもないので無視した（結局はわりと出席していたが）。要は「恥ずかしい」ということなのだろう。しかし声を出すのが嫌いで、どうしてコミュニケーションの手段である言語を学ぼうというのか、不思議である。

さて、ここまでは語学教師に共通の悩み。これが見慣れない文字ロシア語の教師となると、生徒に声を出してもらう他に、さらに字の書き方を覚えていただかなければならない。

全体的に、日本人は字がきれいで整っている。お習字の伝統とも、「書き順教育」の成果とも言われている。だから黒板にお手本を書いてみせれば、みんなだいたい上手に真似て書く。

しかし、ここで注意しなければならないのが大きさである。ロシア語は大文字と小文字で形の変わるものは三十三文字中四文字（Aとa、Бとб、Eとe、Ëとë）しかない。残りの二十九文字の場合、小文字は大文字と同じ形で小さく書けばいいのである。しかし英語に慣れた人にとってそれはそれで厄介なのだ。たとえばTの小文字は素直にтと書けばいいのに、ついtというように、上に突き出てしまうのである。その他にもいろいろと注意が必要で、たとえばyだったら、左斜めに伸びる線が下へ突き抜けなければならない。そこで英語のときにお世話になった習字帳風の、横に四本線を引いたプリントを配布し、下から二番目の線を基準として正しく字を書くことを教えるのである。こういうものは初めが肝心。形のほかにも、たとえばここは突き抜けてよいか、それとも手前で止めるかなど、細かく指導する（もっともロシア語のブロック体文字には書き順なるものがないようなので、そこらへんは適当だが）。

こうして少しずつ（わたしの授業だと、文字と発音に四〜五回はかける）、文字が書けるようになる。四月から始めて、五月のゴールデンウイーク明けぐらいになると、なんとか名前が書けるようになる。このときの喜びはひとしおだ。ドイツ語やフランス語だったらこの喜びは味わえまい（でも同じ頃にドイツ語やフランス語ではるかに複雑なことが表現できるようになっているのだ）。

さらに、ロシア語の有り難いことは、「AはBです」というような文章ではただ「AB」と並べるだけでよく、英語のようなbe動詞の活用を覚える必要がないのである。「なに、これ?」「これ、本」といったように、ただ並べればよいのだ。「おれ、ターザン」「おまえ、チータ」のように単純な世界なのである。文字があれだけ難しいんだもん、このくらい楽させてくれてもいいでしょう。

しかし、文字を全部覚えただけでは、正しい発音に少し足りない。

たとえばMocквaという単語がある。英語と形が似ている文字ばかりなので、どんな音だか想像もつきやすいかと思うが、cは［s］、вは［v］の音を示すのでご注意を。それでもこの単語がロシアの首都の名称であることはまあ分かるだろう。

さてその発音である。習いたての文字を一つ一つ拾っていくと、〈モスクヴァ〉というような音になりそうな気がする。ところが教師はこれを〈マスクヴァー〉と発音するのである。これはどういうことなのか。

まず最後で〈ヴァー〉と伸ばして発音するのは、ここの母音aにアクセントがあるからである。ロシア語の単語では一つの母音が他の母音に比べて強く、はっきりと、そして少々長めに発音される。これをアクセントといって、教科書などでは母音の上に´をつけて示すことになっている。この一箇所だけ強めに発音するのは、他のスラヴ諸語でも珍しいことではない。しかしその位置は、たとえばチェコ語やスロヴァキア語なら一番はじめの音節、ポーランド語なら終わりから二番目といったように決まっているのだが、ロシア語にはそういう原則がなく、アクセントがどこにくるかわからないので、いちいち覚えなければならない。しかも語が変化したときに、それに伴ってアクセントの位置も移動したりすることがあって、たいへん面倒なのだ。さきほど述べたように、ふつう教科書や辞書にはちゃんと´が打ってあるのに、生徒さんたちはそれに逆らうかのごとく違う母音を強く読む。やれやれ、素直に読もうよ。

音を伸ばす理由はお分かりいただけたと思う。ではどうしてはじめのところを〈モ〉ではなく〈マ〉と発音するのだろうか。

いま指摘したように、ロシア語は単語の中で一つの母音だけを強く発音する。では残りの母音はどうなるか。当然、弱く軽く発音される。標準ロシア語の場合、アクセントのないoは、アクセントのないaと同様に軽く〈ア〉と発音される。つまりoとaの区別がなくなるわけだ。この現象をロシア語では「アーカニエ」という。日本語でなんと訳してよいのか分からないが、ここでは「ア音化現象」と名付けておこう。標準ロシア語ではこの「ア音化現象」が規範となっている。だからせっかく苦労して文字を覚えても、実際の発音とは少し違うことになってしまうのだ。

なんとも不条理な現象だ。しかしこれに納得がいかないのは、何も外国人ばかりではない。たとえば同じロシアでも北部のヴォログダ、コストロマ、アルハングリスクなどではoは「オ」と素直に発音する。ということはこれらの地域の小学生たちは書き取りでoとaを間違えることはないのである。その反対に「ア音化現象」地域であるリャザン、ヴォロネジ、タンボフ、および標準語の発音に親しんでいる小学生たちは、発音は標準的だけれども、書き取りではこのoとaを間違えてしまうことがあるのだ。

ロシアはあれだけ大きな国なので、方言差もいろいろとある。その中でも特徴的なのがこの「ア音化現象」なのである。これが起こらずに〈オ〉のままで発音するほうは「オ音化現象」（ロシア語で「オーカニエ」）という。

ロシア語以外の東スラヴ諸語の場合、ウクライナ語は「オ音化現象」、ベラルーシ語は「ア音化現象」を起こす。とはいえこの二つの言語ではその発音が綴りに反映されているので、ロシア語ほど複雑な気はしない。「ミルク」という語を例にあげると、ウクライナ語ではмолокоで〈モロコー〉、ベラルーシ語ではмалако〈マラコー〉なので分かりやすい。ロシア語だけがмолокоと書いて〈マラコー〉なので、なんだか素直でない。

もっと微妙なことを言えば、このмолокоの場合、лоのoは〈ア〉だけども、моのoのほうは口をせまく開けて「ア」というようなもっとあいまいな音になる。つまりアクセントのある母音の直前の母音と、それ以外の位置の母音とではまた違うのである。ロシア語の方言の中にも、このアクセントのある母音の直前の母音oだけは〈オ〉と発音し、それ以外のアクセントのないoはあいまいな〈ア〉と発音する地域（ウラジーミルなど）があり、「不完全ア音化現象」と呼ばれている。さっきのмолокоだったら〈マロコー〉となるわけだ。しかしロシア語の文字を覚えたての生徒たちには、それどころではないので、このくらいにしておく。

いったいいつ頃からこのような現象が起こったのだろうか。古いことを探る場合、テープその他の音声資料はちょっと望めないので、文字資料に頼ることになる。古文書をひもとくと、十二世紀頃まではoとaはきちんと区別して書かれている。ということは発音もまあ、区別していたんだろうと想像される。もっとも書きことばというのはどうしても古い規範に従おうとするので、当時話されていたことばをそっくり反映しているわけではない。しかし、少なくとも意識すれば区別して書くことが出来ていたわけだ。ところが十四世紀頃から、oと書くべきところをaと書いてしまっている文書が現れる。またその反対にaと書くべきところをoと書いてしまっている例もある。発音を区別していなければ、この二つがゴッチャになっても無理あるまい。ロシア語の初心者でも、発音どおりにaと書いてはいけないと緊張するあまり、aで正しいところまでoと書いてしまうことがある。言語学ではこれを「ハイパーコレクション（直し過ぎ）」というのだが、真面目な性格が災いして、なんだか可哀想である。

ただでさえ文字が面倒なロシア語、多少の発音ぐらい、いいじゃないか、ロシア人の中にも〈オ〉と発音する人がいるんだから。こういって励ましてあげたくもある。でも発音は初めが肝心。やっぱり頑張ってほしい。

ベラルーシ、ミンスクにて。牛乳屋の看板。ロシア語学習者が見たら驚くかも知れないが、決してスペル・ミスではない！

また、日本語を学んでいるロシア人はこの癖をぜひ直してほしい。「トモコ」さんのことを「タマコ」さんと呼んでいたら、相手は振り向いてくれませんよ！

では、ペテルブルグかペテルブルクか

またまた、さきほどと似たようなテーマで、申し訳ない。Петербург は実際には、〈ピチルブールク〉のように聞こえると思う。〈ペテル〉が〈ピチル〉となるのはアクセントのない e が〈イ〉のように発音されるからだが、それはこの際置いておく。問題は一番最後の発音が〈グ〉か、それとも〈ク〉か、ということである。

これもロシア語の文字をなんとか覚えた学習者をがっかりさせる点なのだが、教科書にはだいたい次のような表があって、子音を無声と有声に分けている（表3を参照）。

そして「単語のおしまいでは有声音が無声音にかわります」とか、「単語の中で後の子音の影響で有声音が無声音になったり、無声音が有声音になったりします」などとある。なんだかよく分からないが、せっかく覚えた文字をまた違ったふうに読まなきゃならないと、生徒さんたちは落胆してしまう。

例を挙げよう。ウクライナ共和国の首都、古くは母なるルーシの国の都であったところを、ロシア語ではКиевと書く。これは日本語で「キエフ」と表わすことが定着している。バターをチキンの胸肉で巻いてフライにしたものを「キエフカツ」というが、ご存じだろうか。

さて、もう一度ロシア語のスペルを見ていただきたい。最後にはвの文字が書いてある。でも〈ヴ〉とは詠まないで〈フ〉と読んでいる。これがこの規則で、難しくいうと「最終有声子音の無声化」と呼ばれているものなのである。

これは単語の真ん中でも生じる現象だ。有名なロシアの文豪Достоевскийは日本語で〈ドストエフスキー〉であって、〈ドストエヴスキー〉にはならない（実際の発音は〈ダスタィエーフスキー〉と聞こえる）。そういうことを教科書できちんと説明すると、先のような難しそうな表現になってしまうのである。

ではСанкт-Петербургはどうだろう。さきほどの「キエフの法則」でいけば、〈サンクト・ペテルブルク〉とするのが正しいように思う。しかし、日本の新聞や地図には〈サンクト・ペテルブルグ〉となっているのが多い。この町はかつてЛенинградといったが、ではこれは〈レニングラート〉か、それとも〈レニングラード〉か。うーん、書いているわたしにもよく分からない。

（Ленинградとは現Санкт-Петербургの以前の名称である。いや、誤解のないようにまとめておくと、この都市はСанкт-Петербург（一七〇三年〜一九一四年）→Петроград〈ペトログラード〉（一九一四年〜一九二四年）→Ленинград（一九二四年〜一九九一年）→Санкт-Петербург（一九九一年〜）というようにその名前が時代によって次々と変わっていく。どれも同じ都市のことですから、お間違えのないように。あるとき授業中に「レニングラードとペテルブルグはどのくらい離れていますか」という意地の悪い質問をしたら、当てられた学生が少し困ったような顔をしてから「三キロ」と答えたことがあった！　教師に騙されてはい

無声	п (プ) ф (フ) т (ト) с (ス) к (ク) ш (シュ)	х (ハ) щ (シーッ) ч (チ) ц (ツ)	
有声	б (ブ) в (ヴ) д (ド) з (ズ) г (グ) ж (ジュ)		м (ム) н (ヌ) л (ル) р (る)

表3　ロシア語の無声子音字と有声子音字

けない。)

実は地名や人名といったいわゆる「固有名詞」をどう表わすか、というのに大法則はない。それぞれが場面に応じて矛盾の起こらないように努力しながら表わしている、というのが現状である。あるとき地図帳を作っている出版社から、ベラルーシの地名のチェックを依頼された。旧ソ連時代はロシア語表記にしたがっていたが、連邦崩壊でベラルーシも独立したので、現地語、すなわちベラルーシ語の発音にあわせて日本語の表記をしたいのだそうだ。わたしはチェック対象になっている地名を一通りベラルーシ語で書いてみて、それから矛盾が生じないように気をつけながら日本語表記を決めていった。そう、わたしが決めちゃったのである。まあ、誰かが決めなければいけないものには違いないが、それが自分となるとなんだか変な気分である。

もちろん、ある一定のお約束事は決まっている。たとえばウラジーミルと書けばロシア人の名前、ウラジミールだったらチェコ人の名前となる。スラヴ人によくある「〜スキー」、たとえばさっきのドストエフスキーのような名字は、ロシア人やチェコ人だったら「〜スキー」と伸ばすが、ポーランド人は「〜スキ」と伸ばさない(つまりそう書いたほうがそれぞれの言語の発音に近いからだが)というふうに決めている。もっともこれが守られていない表記もけっこう見かけるが。

さて、この「最終有声子音の無声化」はスラヴ諸語の多くに見られるが、すべてにではない。ロシア語ととてもよく似ているウクライナ語なのに、この現象は起こらない。さきほどのキエフはウクライナ語でКиївと書き表わし、〈クィーイヴ〉いや、むしろ〈クィーイウ〉のように聞こえると思う。ウクライナ共和国にいるウクライナ人は多かれ少なかれウクライナ語とロシア語のバイリンガルであると自称するが、こういう微妙なところはどのように使い分けているのだろう。そこであるときそういうウクライナ人に「最終有声子音の無声化」について聞いてみた。そしたら「なにそれ？　そんな規則聞いたことない」と言われてしまった。相手は元ハリコフ（ウクライナ語だったら「ハルクィウ」）大学の理系の先生。それなりのインテリのはず。うーん。一般人の意識はそんなものなのか。

いったいどれが名前なの？

外国人の名前は難しい。

勤務先の大学にはさまざまな国から留学生が来ている。特にアジアからの留学生が多い。そういう人が第二外国語でロシア語を選んでくれるのはとても嬉しいのだが、名前がとても分かりにくいことがある。中国や韓国からの留学生だったら（発音の正確さはともかく）、どれが名字でどれが名前かぐらい分かる。しかし国によっては、情けないことにどれが名字かさえ分からない。タイやモンゴルの人の名前にはときどきとても長いものがあり、一息で発音できないこともある。まあ、それは単にわたしがアジアの文化に対して無知だということなのだが。

ロシア人の名前も、日本人には馴染みのないためとても難しく感じるらしい。ある文学好きの夫人は、欧米文学はよく読むけれど、ロシア文学だけは避けてしまうという。その理由は名前が複雑すぎて、登場人物のだれがだれだが分からなくなってしまうからだそうだ。

たとえばここにアレクサンドル・イワーノヴィッチ・ペトロフという人物がいるとする。小説では彼のことを「ペトロフ」として話が進んでいくことが多い。「アレクサンドル・ペトロフ」ともなる。ところが会話の中では「アレクサンドル・イワーノヴィッチ」と呼びかけるところがでてくる。さらにこの人物に親しい人は「サーシャ」とか「シューリク」と言っているかもしれない。そしてこれらの呼び方がすべて同一人物をさしているのである。先の夫人の嘆きも分からないではない。

このアレクサンドル・イワーノヴィッチ・ペトロフという長い名前のうち、「ペトロフ」は姓、すなわち名字である。これは日本でもあるから分かる。しかし同じ家族の中でも、女性は「ペトロヴァ」と、終わりのほうが少し違う。別に男女別姓だからではない。ロシア語では男性と女性とで違う語尾がつくからである。ほかにも「スペランスキー」家だったら女性は「スペランスカヤ」となる。と思ったら「ボンダレンコ」というウクライナ系の姓は男女とも同じ形だったり、しかし格変化のパターンが違ったりと、とてもややこしい。このくらいにしておく。

さて「アレクサンドル」は名、つまり個人の名前である。ロシア人の名前のパターンは日本人と比べるとずいぶん少ない。男性だったら、この他アンドレイ、アレクセイ、イワン、ウラジーミル、セルゲイ、ニコライ、ミハイル、ピョートル、ユーリイなどが、また女性はイリーナ、エカテリーナ、エレーナ、ガリーナ、スヴェトラーナ、タチアーナ、ナジェージダ、ナターリア、マリーナ、リュドミラなどが多い。もちろんこれですべてではない。しかし名前に関する本を何種類か比べてみても、男女ともそれぞれ七〇〜九〇種類の名前で主なところはだいたいカバーできるようだ。

もちろん、名前には流行り廃りがある。また都市部で好まれる名前と農村部で好まれる名前といった傾向も存在する。さらに地方によっても特徴があり、たとえばオクサーナというのは、典型的なウクライナの女性の名前である。となると、決して「貧困な命名観」というわけではないのだが、どうしても同じ名前が多くなる。かつてナホトカという極東・沿海州の都市で子供キャンプの通訳をしていたが、大勢の子供たちの中には当然同じ名前の子が何組もあった。中には四人も五人も同じなんていうのも珍しくない。「ペーチャ見かけなかった?」と尋ねたら、「どのペーチャ?」と聞き返されてしまったこともあった。

さて、「ペーチャ」というのは「ピョートル」という名の愛称形である。パスポートには「ピョートル」と書いてあっても、ふつうはみんな「ペーチャ」と呼ぶ。他にも「ペトルーシャ」なんていう言い方があったりする。しかしこれは、たとえば「道子さん」↓「みっちゃん」というのとは少し違い、あるていど規則的に作られる。先ほどの例ならば、男性はアレクサンドル↓サーシャ、アンドレイ↓アンドリューシャ、アレクセイ↓アリョーシャ、イワン↓ワーニャ、ウラジーミル↓ワロージャ、セルゲイ↓セリョージャ、ニコライ↓コーリャ、ミハイル↓ミーシャ、ピョートル↓ペーチャ、ユーリイ↓ユーラなどとなり、また女性はイリーナ↓イーラ、エカテリーナ↓カーチャ、エレーナ↓レーナ、ガリーナ↓ガーリャ、スヴェトラーナ↓スヴェータ、タチアーナ↓ターニャ、ナジェージダ↓ナージャ、ナターリア↓ナターシャ、マリーナ↓マーシャ、リュドミラ↓リューダなどとなる。イワン↓ワーニャのように元の名とあまり似ていないように見えるものもある。また男性名アレクサンドルと女性名アレクサンドラの愛称形はどちらもサーシャ、男性名エヴゲーニイと女性エヴゲーニヤの愛称形はどちらもジェーニャというふうに、男女で同じ形になってしまうものもある。日本でも「薫」さんや「ひろみ」さんは男女どちらもあるから、ご理解いただけると思う。

話は違うが、わたしの研究室に出入りしている学生たちはほとんどみんなロシア名を持っている。もちろん学生たちは日本人である。ただロシア人の会話の先生が授業中に使っているロシア名が、みんなも気に入って、ふだんでも「アンドレイ」とか「マーシャ」などと呼び合うようになったのだ。それぞれ自分で選ぶらしいが、ガガーリンが好きだから「ユーラ」などと凝っているのもある。「僕はやせっぽちで骨ばっているから、骨（ロシア語で〈コースチ〉）からとってコースチャなどと名乗っているのもいるが、もちろん語源的には間違っている。しかしこういう駄洒落はロシア人にウケるのだろうか？

ロシア人は親しい間柄でお互いを呼ぶときにこの愛称形を使う。また子供だったらまずそうだ。「イワン」なんて呼ばれるのは怒られるときに決まっている。マーク・トウェインの『トム・ソーヤの冒険』でもこのような場面があり、「トーマス」と呼ばれるときには先生が怒っていたりとろくなことがない。

かつてサハリンの子供が大火傷をして、緊急用ヘリコプターで北海道の病院に運ばれ手当てを受けるという事件があった。だいぶ回復してから新聞に「コンスタンチン坊や、元気になる」というような見出しが載ったが、これは変である「坊や」とつけるなら愛称形の「コースチャ」のはずだ。またチェルノブイリ原発事故に関する現地報告などを読んでいても、たとえば子供の名はパスポートにあるような正式なほうをとっているのに、お父さんの名は愛称形だったりとバラバラなものを見かける。別に記事自体とは直接関係がないかもしれないが、ロシアの名前の事情すら知らないようなジャーナリストの書いたものを、わたしはあまり信用する気になれない。

さて、この「アレクサンドル・イワーノヴィッチ・ペトロフ」さん、姓のペトロフと名のアレクサンドルは分かった。では「イワーノヴィッチ」とは何か？　ミドルネームなのかと、早合点してはいけない。

この「イワーノヴィッチ」のようなものは、父称（「ふしょう」と読む）という。これは父親の名から規則的につくられるもので、ロシア人の名前は「名」＋「父称」＋「姓」という三つの部分から成っているのである。もっともこの並べる順番は場合によってさまざまで、「姓」がいちばん初めということもある。とにかく、たとえばパスポートのような正式書類にはこの三つが必ず記載されることになっている。

父称は父親の名前に、男性だったら〈オヴィッチ〉または〈エヴィッチ〉、女性だったら〈オヴナ〉または〈エヴナ〉という接尾辞をつけてつくられる。父親がイワンならば、その息子の父称はイワーノヴィッチ、娘の父称はイワーノヴナとなる。意味としてはそれぞれ「イワンの息子」や「イワンの娘」ということだ。この父称の起源は何なのか、いつ頃から使われるようになったのかなどについては、さまざまな議論があるのだが、いろいろと複雑なのでここでは触れない。

この父称はどういうときに使うのか。実は丁寧に呼びかけるときに、ロシアでは姓ではなくこの「名」＋「父称」となるので、その使用頻度は高い。たとえば学校の先生などは、生徒からこれで呼ばれる。わたしも大学時代、ロシア人の先生には「ガリーナ・イワーノヴナ」「エレーナ・ウラジーミロヴナ」と呼びかけていた。

しかし、このような事情を知らない日本人には、たいへん複雑で分かり難い。日本人はふつう他人を姓で認識しているので、親しい身近な人でもない限り「名」は使わない。ところがロシアは違う。以前テレビでソヴィエト議会の様子を放映したとき、議員たちは「ミハイル・セルゲーヴィッチ」とか「ボリス・ニコラエヴィッチ」と呼び合って議論を闘わせていた。しかし、こう表記したのでは日本人には分かりにくい。そこで字幕スーパーは親切（?）にも、「ゴルバチョフさん」とか「エリツィンさん」と訳して（?）あった。

父称を使うということは、文化人類学的にはロシアが父系社会であったことを示すのだと思う。そんなことよりも実際困るのは、父親がいない、あるいはよく分からない子供が生まれてしまったときである。

映画「モスクワは涙を信じない」の中で、主人公の女性はある事情から結婚をせずに子供を産むことになる。産院の場面、生まれたばかりの娘を嬉しそうに抱く主人公とそれを囲む友人たち。看護婦さんが「かわいい赤ちゃんですね。お名前はなんとつけるのですか」、主人公は「アレクサンドラにするわ」と答える。ここまではいい。「まあ、アレクサンドラ、いい名前ですね。では父称は」。看護婦は何気なく尋ねたのであったが、事情を知っている友人たちは一瞬あせる。そう、こういうときに父称は困るのだ。

ドストエフスキーの長編小説『カラマーゾフの兄弟』にも、乞食女が「父なし子」を産むが、村人たちはその父親が地主のフョードル・カラマーゾフに違いないと噂した。この赤ん坊に「洗礼を授け、パーヴェルと名づけたのだが、父称はだれが言うともなくいつの間にかフョードロヴィッチと呼ぶようになった」（第三編－二）というところからも、父称のもつ社会的役割が窺い知れる。

ロシア人と付き合うためには、この「名」＋「父称」＋「姓」のすべてを覚えなければならない。しかしこれはなかなかたいへんだ。名はふだんから使うからいいが、姓はあまり使わないのでつい忘れてしまう。「シガロフさんからお話は伺ってます」などといわれ、だれだそりゃ、としばらく悩み、あとで、なーんだ、グリーシャのことか、なんていうことはよくある。このうえ父称などとても覚えきれない。

しかし場合によってはこの「名」＋「父称」こそが大切ということもある。公式な場面では特にそうだ。

わたしの通訳失敗談はいろいろあるが、最大級のものの一つは、レセプションで駐日ソヴィエト大使夫人の父称を、それも本人の目の前で間違ってしまったことである！

ネバーエンディング・ディクショナリー

外国語学習と辞書には密接な関係がある。「語学のお勉強」といえばすぐに「辞書を引くこと」が頭に浮かぶ人も少なくないはずだ。坂口安吾の『勉強記』という小説にも、梵語やチベット語の辞書を引きまくる話が出てくる。古典語の勉強をしたことのある人なら、誰しも経験のあるところだろう。

しかし、わたしは「辞書を引くこと＝外国語の勉強」とは考えていない。辞書を引くのは外国語学習の「準備」であって、正確にいえば「勉強」そのものではない。引いた単語を覚えて、さらには使いこなせるようになるよう努めることが、勉強なのである。だからごく初歩の段階では、単語の意味は教科書に書いてあることが望ましい。はじめは基礎語彙をせっせと覚えて、頭の中に単語のストックをつくることが大切なのである。そしてある程度学習が進んだら、初級向けの学習辞典を使うことが望ましい。もちろん、言語によってはそんなに何種類も辞書がないこともあるから、贅沢を言っていられないかもしれない。でも、たとえばロシア語だったら、米重文樹編『パスポート露和辞典』（白水社、一九九四年）という優れた、そして楽しい辞書がある。これさえあれば、大学の第二外国語ぐらいのレベルだったら十分であろう。

ところがさらに先へ進もうと思ったら、たとえば理系大学の卒業単位にもならない「上級ロシア語」のクラスで、ラスプーチンやゾーシチェンコを読もうと思ったら、この収録語数七千余りの『パスポート露和辞典』では当然足りなくなる。しかしそれは子供が成長して古い服が窮屈になったのと同じこと、むしろ喜ぶべきである。

現在日本には、二千ページを超えるような大きなロシア語辞典が二種類もある。これだけのものを一冊でも持っていれば、ロシア語が専門の学生でもない限りまあ用は足りるだろう。値段も決しておやすくはないから、図書館で利用することになるかもしれないが、とにかく一度は手にとってみてほしい。

とはいえ、そこにはすべての単語が収録されているわけではない。辞書とは本来とても保守的なもので、規範、つまりお手本となるような「優等生単語」が集められているのが普通である。あまりにも古すぎたり、反対に新しすぎたり、また特殊すぎる単語は含まれていないことが多い。しかし何かものを読んでいればどんな単語に出くわすか分からない。だから、特に教師はさまざまな辞書を揃えて、不測の事態に備えるのである。たとえば特殊な分野の専門辞典はなるべく集める。発音・文法に関する辞典なども見たときに買っておく。こういう専門的な辞書類はさすがに日本で出版されているとは限らないので、外国で出版された「対訳辞典」や「国語辞典」をいろいろと買う。こうしてただでさえ狭い家の中がますます狭くなっていく。場所とお金がなければ、図書館に買ってもらうよう依頼書を書く。

このように各種辞典を取り揃えてはいるが、やはり語数が多い大辞典は「さしあたり」引いてみたくなるものである。もちろん、そこになければいろいろな特殊辞典のどれを見ようかと悩むのであるが、もし大辞典で見つかれば、こんな嬉しい（＝楽な）ことはない。収録語数の多い辞書というものは図体がでかくて場所をとり、決して引きやすくはないのだが、やはりそれなりに頼りになるのである。

ロシア語の場合、最大規模の国語辞典といえば『現代ロシア標準語辞典』である。全十七巻なので、通称『十七巻本』と呼び習わしているが、とにかくその一冊一冊がやたらに重い。収録語数も一二〇、四八〇語、目下のところロシアで出た最大のロシア語辞典である。この辞典は一九四八年から一九六五年という長い年月をかけて順次世に送り出されていった。これだけ長い期間がかかったので、いろいろと問題もある。たとえば責任編集者も一・二巻はチェルヌィシェフ、三・四巻はバルフダーロフ、五巻はヴィノグラードフ、六巻以降はフィーリンと（たとえ名前だけにしても）替わっていき、また途中で辞書そのものの編集方針まで変わっているので、統一性に欠ける。しかもいまとなってはだいぶ古くなってきたし、手に入れるのも難しい。そこでこの改訂版とでも言うべき新たな企画が起こり、今度は二〇巻本を目指して新しい『現代ロシア標準語辞典』が出ることとなった。

この新『現代ロシア標準語辞典』の第一巻が出版されたのは一九九一年である。この頃はわたしも大学院の博士課程に在学しており、駆け出しながらイッパシの研究者のつもりだったので、貧乏ながらも将来きっと必要になると思い、この辞典の購入予約をした。ところが一九九四年に第六巻と第七巻の合本（！）が出て以来、この数年間ちっとも続きが出版されない。

実はわたしの手元には、こういった「未完の辞典」類がいろいろとある。大学三年生のとき、通訳のバイトをして稼いでは買い集めた『十一世紀——十七世紀ロシア語辞典』（モスクワ、一九七五年〜）は現在第二十三巻Cの項目の途中までしかない。『十八世紀ロシア語辞典』（レニングラード、一九八四年〜）は第二十四巻nの途中までと、『スラヴ諸語語源辞典』（モスクワ、一九七四年〜）は第八巻Иの途中まで、どれも完結していない。これはロシアに限ったことではない。『古ベラルーシ語辞典』（ミンスク、一九八二年〜）は日本で買えたのは第八巻まで、その続きは第十二巻だけをミンスクの古本屋で見つけたが、いったいいまでも出版が続いているのかどうか、よく分からない。『標準セルビアクロアチア／クロアチアセルビア語学習辞典』（ノヴィサド、一九八八年〜）は一九八九年に第二巻Poまで出たが、今の政治状況から見てこれはとても完結しそうにない。

辞書を作るのはたいへんな作業だ。時間もかかる。お金もかかる。なによりも世の中が平和でなければそれどころではない。ソヴィエト連邦崩壊以降、辞書どころの騒ぎではないということは容易に想像される。また、根気もいる。はじめはやる気満々で作業を開始しても、長い年月の間にだんだんといやになってしまうこともある。

いまから百年ほど前のロシアでも、挫折してしまった辞書があった。

十九世紀末、ロシア帝室科学アカデミーの第二部会は、それまでの古い辞書に代わる、新しい大辞典を編纂することにした。責任編集者はグロートという文法学者であった。彼は真面目な人で、十八世紀の文人ロモノーソフの語彙から当時の最新の語彙までを集め、しかも文法の形や文体についても表示し、語のあらゆる意味を載せるという壮大な計画を立てたのだった。『ロシア語辞典』というありふれた表題で一八九一年から分冊形式で刊行が始まったが、グロート本人がまもなく一八九三年に亡くなってしまう。彼が編纂した第一分冊から第三分冊までをまとめ、一八九五年に第一巻А－Дということで世に出たが、もちろんグロートの仕事はここまでとなった。その続きは言語学者シャーフマトフが責任編集者となる。彼はここで編集方針を変更し、ロモノーソフ以前の語彙も含めた、総合的で分類語彙集的な辞典を目指した。こうして一九〇七年に第二巻Е－З、一九一六年に第四巻Кをそれぞれ刊行した。第三巻И語が飛ばされていることが興味深い（ずいぶん意地の悪い見方だが）。さらにそのあとはチェルヌィシェフやシチェルバといった大学者たちが作業を続け、分冊の形でИ、Л、М、Н、Оと出版していくのだが、その編集方針はシャーフマトフの考えていたものとも、グロートのものともずれていってしまった。その上、第一巻の改訂作業も並行しておこなったりと、どんどん収拾がつかなくなっていく。こうしてついに一九三九年、この計画は中止が決定された。一九三七年といえばスターリン恐怖政治の全盛期。時代的にものんびりと辞書なんて、と思えるが、それよりもここまで編集方針その他が混乱してしまうと、どうにも行き詰まってしまい中止せざるを得なかった、というのが本音だったのではなかろうか。

最近は辞書を使うよりも、編纂のお手伝いをする側になってしまったので、どうも編者のほうに同情的だ。かつて岩波『ロシア語辞典』の編集で、見出し語のアクセントのチェックだけを担当して、全体の三分の二ほどに目を通したが、たったこれだけの作業でもとにかくたいへんだった。また、たった一、五〇〇語ばかりの単語集をウクライナ語版とベラルーシ語版とで編纂したのだが、これは一人ですべておこなったので、さらに苦労した。大辞典で苦労していらっしゃる学者のみなさん、心中お察し申し上げます。でも最後まで完結させてくださいね。

蛇足だが、スラヴ諸語の語彙研究では、Aで始まる語の研究が一番進んでいることになる。完結しないさまざまな辞書を眺めながら、いっそ「スラヴ諸語におけるAで始まる語の研究」という論文でもでっちあげようかと思ったが、意味もないし、またこの研究が中途半端に完結しなかったらもっと恥ずかしいので、やめにした。

⁂

この節で紹介した書誌情報は一九九八年のものなので、そのデータは今からすれば当然ながら古い。とはいえ、キーワードが分かればインターネットで調べられる時代なので、それぞれの最新情報については各自でご確認いただいたほうが正確だと判断し、本文も当時のままとした。

百年経っても使える辞書

辞書を作るのはたいへんである。特にその規模が大きくなれば、とても一人でやれるもんじゃない。またお金もかかる。どこかスポンサーでも見つけないことにはとても無理だ。

こういうとき、スポンサー役を買って出るのは「国」であることが多い。実際、言語は国家統治のカナメである。言語政策は国の命運を左右する。だからどこの国でもその威信にかけて、自らの「国語」をまとめ、辞書を編纂し、国を治めていこうとするのである。そのためにはお金も出してくれようというわけだ。いや、何の利益もなければ国が金を出すわけない。これはロシアとて例外ではない。

ロシア帝国が国を挙げて国語大辞典を作ろうと考えたのは、十八世紀のことだった。もちろんそれ以前にも辞書はいろいろとあったけれど、それは教会スラヴ語の辞書だったり、外国語との対訳辞典だったりで、目的が少し違う。こういう辞書はだいたい暗号解読のコード表みたいなもので、「正しく読み解く」ために必要なのである。しかし国語辞典というのはそうではない。一七三五年、詩人で翻訳家のトレジアコフスキーは、アカデミーのロシア部会において「ロシア語の純粋性」という題の講演をおこない、国語辞典を編纂する必要性を説いた。国粋主義的というか、とにかくイデオロギーの匂いを感じないでもない。これをきっかけに大規模な辞典編纂作業が始まる。その編集メンバーには、モスクワ大学の創立者で、「ロシアのレオナルド・ダ・ヴィンチ」ともいわれる啓蒙思想家ロモノーソフ、詩人デルジャーヴィン、劇作家フォンヴィージン、『イーゴリ遠征物語』の発見者ムーシン・プーシキンなど、錚々たる文人たちが名を連ねた。

こんな名前を並べても、ふつうの日本人には馴染みがないだろう。わたしは大学院入試のために『ロシア文学史』を何冊か読んで勉強して、文学史上重要な人物の名前を覚えた。だからいま、こういう懐かしい名前に出会うと嬉しくて、つい書きたくなってしまうのだ。別に彼らの作品を愛読したわけではない。読者の方はこういうところは適当に無視してくれてよい。

この企画は辞書にしては信じられないくらいの猛スピードで進む。そして一七八九年から一七九四年までのたった六年間に、収録語彙四三、二七五語の『ロシア・アカデミー辞典』全六巻を作ってしまったのである。ここには標準として用いるべき語が厳選して収録され、外来語は極力省かれている。規範、つまりお手本として恥ずかしくない辞書が出来上がったのである。「官製」だから当然か。

しかし、辞書は一度作ってしまえばそれでおしまい、というものではない。これより半世紀たって、アカデミーは新たに国語大辞典の編纂を企画して、またまた早々に作り上げた。『教会スラヴ・ロシア語辞典』(一八四七年)といわれるものである(教会スラヴ語についてはまた後で詳しく述べるが、ここでは「教会の文書を中心に使われた文語」と考えておいてください)。この編集には言語学者ヴォストーコフなどが参加し、その語彙も古いものから最新のものまで、幅広く一一四、七四九語を収録している。立派なものである。このように国家事業として取り組めば、資金もあるし、多くの著名な学者が参加して集中的に作業をおこなえることがよく分かる（それでも未完に終わってしまうこともあることは前にも述べたとおりである）。

しかし、これとはまったく違う例もある。むかし一人の人間が長年にわたってコツコツと単語をあつめ、五〇年以上かけてアカデミーの辞典にも匹敵するような大辞典を作り上げたことがあった。

この個性的な人物はウラジーミル・ダーリという。ダーリというのはロシアらしくない名字である。彼の父親はデンマークの出身で、その名をヨハン＝クリスチャンといった。そういえば有名なデンマークの童話作家アンデルセンはハンス＝クリスチャンだった。また同じく作家で、アメリカで活躍しているロアルド・ダールも、ダーリと名字が似ているが、その両親はノルウェー人でやっぱり北欧系である。さて、ウラジーミルの父ヨハン＝クリスチャンは、エカテリーナ二世の招聘によって、最初は図書館司書としてロシアにやってきた。のちにドイツのイエナで医療博士号を取り、再びロシアに戻って医者となっている。

息子のウラジーミルも父親と同様に医者であった。一八〇一年にいまのルガンスクという町で生まれたウラジーミルは、初めはペテルブルグの海軍幼年学校を出て、黒海艦隊で勤務などをしていたが、一八二六年にデルプト大学医学部に入学する。デルプトとはエストニア共和国のタルトゥーのことである。二代そろって途中で方向転換して医者を目指すというのは珍しい。医者という職業は当時から安定していたのか。それは知らないが一八二八年にロシアはトルコと戦争になり、若きウラジーミルは卒業する前から従軍医として働くことになった。一八二九年に無事に医学博士号を取り、そののちはペテルブルグ、オレンブルグ、ニージニイ＝ノヴゴロドなどで勤務する。

医者はやっぱり転勤が多い。ダーリが各地でさまざまなロシア語と接し、これをマメにメモしていった。特に兵士や農民のことばが多い。のちの辞書の基礎資料となるものである。

さらに彼はプーシキン、ゴーゴリ、クルィローフといった文人たちと親交があった（これらの名前はさすがに日本でも多少は知られているでしょう？　その作品は訳されて、文庫にも入っていますよ）。そして自らも、出身地ルガンスクにちなんで、カザーク・ルガンスキーのペンネームで小説を書いた。その作風も農民や兵士などを主人公としたロシアの民衆生活を描いたものが多く、文体も庶民の語り口の会話体で、さらに諺などがちりばめられている。その内容が貴族やお金持ちに対して皮肉になるのも当然で、一時は当局側に逮捕されそうになったこともあるが、宮廷に顔の利く「おともだち」、詩人ジュコーフスキーの尽力により、事無きを得ている。持つべきものは友である。ロシアではこのような文壇内での友情によって救われる話が多い。

このようにダーリは医者として勤務しながら作家活動を続けていたが、一八五九年、彼はついに引退してモスクワに移り、諺集と大国語辞典の編纂に本格的に取り組むことになった。

ダーリの辞書は『現用大ロシア語詳解辞典』という。この「詳解」は、ロシア語でТОЛКОВЫЙ〈タルコーヴィ〉という。いまでは多くの国語辞典にこの「詳解」ということばが使われているが、これを初めて使ったのはダーリである。四巻本で、一八六三年から一八六六年にかけて出版されたが、実際には五〇年がかりの大事業の総決算である。収録語数は二〇万語以上、さらに三万におよぶ諺やなぞなぞなどを収めている。つまり、彼が知りうるすべての語を漏らさずに収録したのである。アカデミーの辞書が規範を求めているのとはずいぶん方針が違う。

かつてアカデミーも辞書の編纂にあたってダーリに助言を乞おうとしたことがある。彼の自伝によると、当時の文部大臣はアカデミーの辞書に抜けている単語を一語十五コペイカ、補正・訂正には七・五コペイカ支払うといってきたそうである。これに対してダーリは、そんなことしないですべてをまかせてくれないかと提案したが、認められなかった。そこで抜けていた単語を一、〇〇〇語、補正・訂正を一、〇〇〇項目だけ、さしあたり渡した。アカデミーからはまだ補うべき語はあるかと尋ねてきたので、ダーリはこの数十倍はあると答えた。しかしアカデミーはそこまで予算がなかったらしい。さきほどの増補・訂正分に対する領収書が残っているそうだが、そこには銀一五七ルーブリ支払いとした上で「当局側より新たなる要請がない限り、貴殿が採集した語を送付することはしばらく見合わせるように」とある。文字によるものは後々まで残ってしまうので、ほんとうに恥ずかしい。

ダーリの辞書は廃語、方言、俗語、文語などもすべて採用している。文体的な区別はしていない。しかし外来語には否定的で、語の解釈にはなるべくロシア語の類義語を当てようと努めている。中にはダーリ自身が造語しているものまである。またその説明も百科事典のようで、単に語の意味を調べるだけでなく、読んでも興味深いものなのである。

この四巻本が世に出たあと、ダーリは改訂第二版を出すべく作業を開始する。ほんとうに勤勉である。わたしなんか、いっぺん出版された自分の本は、もうページを開くのもいやだというのに、しかし、ダーリはこの改訂作業も半ばにして、一八七二年に死去する。

なお、この辞書の第三版は有名なポーランドの言語学者ボードアン・ド・クルトネが改訂の主幹となり、言語学的に厳しくチェックをしている。ダーリの記述のアマかったところを改め、間違いを訂正し、さらに語彙を増補している。この中にいわゆる「卑猥語」も加えられており、ということはダーリがそういう語を自分の辞書に採用しなかったということになる。何の理由でそうなったか知らないが、民衆語を収集して卑猥語がないはずはない。

だからダーリの辞書では第三版が一番よく出来ているという定評がある。よく初版本コレクターというのがいるが、辞書の場合にこれはナンセンスである。ソヴィエト時代にこの第三版はあまり流通しなかったが、それは「卑猥語」の問題が一部にあったと思う。

ダーリはこの『詳解辞典』を出版する前に『ロシア民衆の諺』（一八六一年〜一八六二年）という二巻本もまとめている。ロシアを代表する諺集であるが、テーマ別にまとめてあるだけで、意味や解釈が書いてないので、ふつうのロシア人が覗いてもすべて理解できるわけでもなく、ましてやわれわれガイジンが見たら、ほとんどチンプンカンプンである。

ダーリの編集したものは、辞書にせよ諺にせよそう一筋縄ではいかない。ある程度の知識が要求される。特徴的というか個性的というか、とにかくクセがある。でもこうして百年以上たって、古いアカデミーの辞書を引く人はあまりいなくなったが、ダーリの辞書はまだまだ現役だ。いまでも読むものの種類によっては、ダーリの辞書はとても頼りになる。人の真似をしないで丁寧におこなった仕事はあとまで残る。ダーリの辞書はこの先もまだまだ使われることだろう。

タイムスリップしたら困ること

あるとき、モスクワから来ていた研究者の夫妻が、「あなただったら絶対に気に入ると思いますよ」といってビデオを貸してくれた。日本にいるロシア人たちはお互いによくビデオを貸し借りしているらしい。テレビは日本語ばかりでつまらないし、レンタルビデオショップには文芸作品以外のロシア映画はほとんどないし、お互いにビデオの貸し借りをするのは当然だろう。

彼らが貸してくれたビデオは「Иван Васильевич меняет профессию」という、コメディー映画だった。直訳すれば「イワン・ワシーリエヴィッチ職業を替える」とでもなるのか。でもこれじゃ映画の題名として失格だ。「ミスター・イワンのトラバーユ大作戦」とでもしたほうがいいかもしれない。とにかく、ソヴィエトの人間ならだれでも知っている一九七三年の有名な喜劇映画で、日本だったら「日本無責任男」とか「喜劇駅前シリーズ」みたいなものらしい。ただしこれはシリーズではない。

この映画は日本では上映されなかったらしく、わたしもまったく知らなかった。ところが原作は有名なミハイル・ブルガーコフと知って驚いた。ブルガーコフといえばロシアの有名な小説家・劇作家で、長編『巨匠とマルガリータ』（一九六六年発表）は日本語にも何度か訳され、この作家のファンも多い（最新は法木綾子訳、群像社より刊行）。

ブルガーコフの戯曲『イワン・ワシーリエヴィッチ』は一九三五年〜一九三六年に書かれたが、発表されたのは彼の死後一九六五年である。映画はこの作品をモチーフにして再構成したとしているが、戯曲を読んでみるとセリフの一部がそのまま使われていたり、わりと忠実に作ってある。ここでは映画のほうのあらすじを簡単に紹介しよう。

発明家のチモフェーエフは自宅でタイムマシンの開発に熱中する真面目な男である。あまりにも仕事一筋のため、愛想をつかした妻の女優ジナイーダは映画監督ヤーキンとカフカースへ駆け落ちしてしまう。チモフェーエフは落胆しながらも仕事を続けるが、怪しい研究をやっているのを訝しく思った小心者のアパート自治会委員（原作では管理人）であるイワン・ワシーリエヴィッチ・ブンシャが仕事をのぞきに来る。さらにひょんなことからチモフェーエフの部屋にやってきた怪しい男ミロスラフスキーが加わったところで、なんとタイムマシンが成功し、アパートの部屋の壁が消えてその向こうには十六世紀のイワン雷帝の宮殿が現れる。そこには書記に口述筆記をさせているイワン雷帝本人。それぞれみんな大あわてのうちに、雷帝は現代へ、そしてブンシャとミロスラフスキーは十六世紀へと足を踏み入れ、そうこうしているうちに時間の壁は再び閉ざされてしまうのである。これだけでもたいへんな騒動なのだが、さらに雷帝とブンシャが瓜二つで、どちらもイワン・ワシーリエヴィッチという名と父称であったため、ブンシャは皇帝になってしまい、二つの世界での騒ぎはますます大きくなるのである。

たいへん品のよいコメディー映画で、話の展開も面白く、また時代考証もなかなかよく出来ており、中世ロシアに興味のあるわたしはとても気に入った。なるほど、あの夫婦が薦めてくれるわけである。特にブンシャとミロスラフスキーがイワン雷帝の親衛隊に追いかけられる場面は、どう見てもクレムリンの中としか思えない所で撮影されていてびっくりした。まさか本当にあの歴史的建造物群の中で映画を撮ったのではないだろうな？

しかし面白いのはこれだけではない。このようなドタバタ場面以外にわたしが興味を持ったのは、十六世紀の人びとのことばである。

ロシア語の歴史を振り返ってみると、十一世紀から十七世紀という長い時代の言語を「中世ロシア語」と位置づけ、十八世紀以降の近・現代のロシア語とは明確に区別している。もちろん、このような分け方はかなりおおざっぱで、本当は時代・地域ごとにもっと細かく分類されてしかりなのだが、たとえば辞書なども『十一世紀――十七世紀ロシア語辞典』（モスクワ、一九七五年～刊行中、例の未完の辞書の一つ）というように、この時代の言語をまとめて扱う慣習がある。広い意味で一つのカテゴリーとしてまとめられうる言語なのである。

イワン雷帝の活躍した時代は十六世紀である。当然、雷帝の話すことばは中世ロシア語であり、現代のロシア語と異なる。これがどのくらい異なるかというと、どう基準を設けて説明すればよいか、なかなか難しい。映画からいくつか例を挙げてみよう。

主人公チモフェーエフの妻で映画女優のジナイーダは、監督ヤーキンと駆け落ちするはずが相手に裏切られ、落胆して家に帰ってくる。チモフェーエフは壊れてしまったタイムマシンを直すため、部品を買いに出かけていて留守だ。人の気配に、イワン雷帝はあわててカーテンの陰に隠れる。ジナイーダが持ち帰った自分のトランクを開けてみると、ヤーキンのトランクとすり替わっていたことが分かる。やがてヤーキンがトランクを取り戻すためにアパートに駆けつけ、ここでジナイーダと口論になる。ヤーキンが次の仕事でイワン雷帝時代の映画を撮る話を始め、ボリス・ゴドノフの話題が出たところで皇帝は我慢できなくなり、カーテンの陰から姿を現す。ボリス・ゴドノフといえば、雷帝の死後に皇太子ドミートリイの摂政役を務め、ドミートリイが不慮の死を遂げた後には自ら政権に就く男である。監督が「ボリスが皇帝になったとき……」などと「歴史的な」ことを口にすると、雷帝は「皇帝ボリスとは何じゃ！　あのボリスのことか?」と、怒りを顕わにするのである。こういう場面はロシア史を知らないと面白くない。

さて、ヤーキンはこの雷帝のことをどこかの俳優が演技をして売り込んでいるんだと思い、その「真に迫った演技」に対して呑気に拍手なんかしているが、ジナイーダのほうはついに夫のタイムマシンが成功して、ここにいるのが本物のイワン雷帝だと気づく。真実を知ったヤーキンは青ざめる。監督はそれまでの無礼を言い訳しようと焦るが、イワン雷帝とはことばが違う。そこでジナイーダに、「おい、スラヴ語で何か言うことを教えてくれ！」となる。

この場合の「スラヴ語」とは、教会スラヴ語、つまりロシア人だったら高校時代に勉強するような「古文」のことである。日本同様、「古文」を話すなんてことはふつうないので、あわてまくっているのである。

「古文」と「現代文」ではどこが違うか。もちろんこの映画（または原作の戯曲）の中で使われているのは、本格的な「古文」ではなく、それっぽく作ったもの、つまり「擬古文」である。しかしあまりにもいい加減な「擬古文」だったら、見ているほうは興ざめしてしまうので、それなりにポイントを押さえて、それっぽく作らなければならない。ではそのポイントとは何か。

ひとつは語彙である。どの言語でもそうだろうが、語彙は時代によって変わっていく。ある語は使われなくなり、またある語は違った意味で使われるようになる。また堅い文章の中でだけ使われることもある。イワン雷帝はアパートのベランダから一九七〇年代のモスクワの町を眺めながら、Лепота.〈レポタ〉と言う。この語は「美しさ」という名詞だが、現代では使わない。「絶景かな」と言っているようなものである。こういうところが雰囲気を作り出す。

もう一つは文法である。日本語でも、たとえば古典文法の動詞の活用は現代語のそれとは違う。ロシア語でもそうだ。その他にも現代ロシア語にはないような文法カテゴリーがあったりする。たとえば連辞、つまり英語のbe動詞である。前にもお話ししたように、現代ロシア語では現在形では連辞を用いず、主語と述語とただ並べる。「わたし・ロシア人」「あなた・日本人」という文になる。

しかし中世のロシア語では違っていた。連辞быти〈ブィチ〉は別表のように人称と数によって現在活用するのである（表4を参照）。イワン雷帝から「汝は何者ぞ」と言われ、びびったヤーキンは《Я ……》〈ヤー……〉（現代語で「わたしは」の意味）と言いかけて、あわてて《Азъ есмь……》〈アズ・エスミ……〉といい直す。Азъは古いことばで「わたし」、есмьは連辞動詞の現在一人称単数の形である。古文が苦手そうなヤーキンもこのくらいは覚えていたようである。

現代ではロシア語をはじめとして、東スラヴ諸語では連辞を現在形には使わない。しかし、それ以外の西および南スラヴ諸語では今でも連辞の現在形を使う。現代ブルガリア語でI amにあたるのはАз съм〈アズ・スム〉なので、まるでイワン雷帝の頃のロシア語みたいだ。

[中世ロシア語]

	単数	複数
1	єсмь	єсмъ
2	єси	єсте
3	єсть	сутъ

[現代ブルガリア語]

	単数	複数
1	съм	сме
2	си	сте
3	е	са

表4　連辞бытиの現在活用　＊現代ブルガリア語には動詞の不定形がない。

ロシア語では古めかしいことばでも、他の現代スラヴ諸語だったらまだまだ現役という語もある。イワン雷帝は「とても」という意味でзело〈ゼロー〉と言う。いまのロシア人が聞いたらずいぶん時代がかった表現に響くだろう。しかし現代スロヴェニア語でzeloは「とても」という意味でふつうに使われる。こういうところがスラヴ諸語は面白い。

いずれにしても、現代のロシア人にとって中世のロシア語はだいぶ異なる言語なのである。それなりに学習しなければ読み解くことはできない。それがこの映画の可笑しさに繋がっている。しかしよそのことばかりを笑うわけにもいかない。いまの日本人だって『源氏物語』や『奥の細道』をスラスラ読める人は多くあるまい。どの言語でも古典語は現代語と多かれ少なかれ隔たっているからである。まあ、タイムマシンが発明されない限り会話の必要はないと思うが。

さてこのような大混乱がどのように収束するのか、それは映画を見ての（あるいは戯曲を読んでの）お楽しみなのだが、残念なことにふつうは手に入らない。だいぶ前に日本語に訳されたらしいが、いまでは見つけることが難しいだろう。いつの日か再び訳されるといいのに。しかし、この「擬古文」の面白さとロシア史の知識の前提を考えると、訳すのも一筋縄ではいかないだろう。

教会だけで使う言語なんてあるのか？

イワン雷帝の話の中で、「教会スラヴ語」というのが出てきた。

ことばにはもちろん使う場面というものがあり、それは多くの場合、文体というものに表れる。公式の場と呑み屋とでは、話す文体も当然ちがってくる。

だったら「教会スラヴ語」とは、教会で話すためのスラヴ語なんだろうか。「教会」というからには、他にも、たとえば「皇室スラヴ語」とか「市場スラヴ語」というものがあるのだろうか。そういえば、ドイツの作家ギュンター・グラス原作『ブリキの太鼓』の映画を見たとき、全編ほとんどドイツ語なのに、グダンスクのポーランド郵便局でナチス側と攻防戦を繰り広げる場面では、ポーランド語を話していた。これは「郵便局ポーランド語」なのか。

もちろん、すべて違う。まず教会スラヴ語は話しことばではない。読み書きすることにしか使わない文章語である。その中でももっぱらキリスト教文献に使われたので、名前に「教会」と付いているのである。だからイワン雷帝の話していたことばは、厳密に言えば教会スラヴ語ではなかったはずだ。

まあ、フィクションなので大目に見ていただきたい。

教会スラヴ語は十二世紀以降に書かれた言語である。それより前の言語は「古代スラヴ語」といい、後の教会スラヴ語とは区別している（古代スラヴ語については後に詳しく説明する）。もともとお互いにとても似通った当時のスラヴ諸語は、書きことばだともっと接近していて、たとえばある場所で書かれた文献は別の場所でも十分に理解できた。これが十二世紀以降になると、確かにお互い分かることは分かるが、だんだんに地方ごとの特色が著しくなっていくのだった。そこでそのようなことばは、それぞれの地名をとって「ロシア教会スラヴ語」「ブルガリア教会スラヴ語」「セルビア教会スラヴ語」「クロアチア教会スラヴ語」「チェコ教会スラヴ語」のようにいう。このような各種教会スラヴ語は、スラヴ圏で近代標準文章語が成立するまで、正教圏スラヴ人およびカトリック・クロアチア人にとっての文章語として、幅広く機能していたのである。

たとえばロシア。現存する最古の写本『オストロミール福音書』は、一〇五六〜五七年に作られたものなので、時代的には古代スラヴ語といえなくもない。実際に古代スラヴ語の文献だと主張する意見もある。しかしその言語を細かく分析していくと、すでにロシア的要素が認められるので、ロシア教会スラヴ語に分類したほうがよいと考える学者も多い。

『オストロミール福音書』1056-57年。

また十一世紀にボヘミアのサーザヴァ修道院で書かれた

と思われる文献に『プラハ断片』というテクストがある。これもボヘミア的特徴が見られ、やはり古代スラヴ語には含めない。なお、このようなボヘミア的特徴のことを「ボヘミズム」という。

広い範囲で長い時間にわたって使われていれば、言語もだんだんに変わっていく。特にロシア教会スラヴ語は時代が進むにつれ、どんどん地方ごとの特色が強まっていく。仕方がないではないか、と思うのは言語学者の考え。十四世紀の正教会はそう考えなかった。教会スラヴ語の純粋性を守らなければ、と余計なことを思いつく。ではどこが純粋なのか。それはスラヴ文語の故郷であるブルガリアでしょう。その上この頃オスマン・トルコがバルカン半島に攻め入り、多くの知識人（すなわち教会関係者）が書物を持ってロシアへと亡命してくる。これら亡命者の協力のもと、古風なスタイルの文章語が再構成された。この現象を「第二次南スラヴの影響」という。このとき出来た文章語の伝統は、十七世紀まで続いていく。

教会スラヴ語は、キリスト教文献だけでなく、当時の一般的な文章語として広く用いられた。しかしテクストの内容によっては、たとえば年代記などでは地域のことばがより反映される言語もある。だから中世のロシア語には、教会スラヴ語的要素と、民衆ロシア語的要素が、場合によっては混ざっているのである。しかしそれぞれの特徴となると、これはだいぶ専門的な話になるので、このくらいにしておく。それにどちらにしてもスラヴの言語には違いないので、専門的な知識のない人が文献を眺めたところで、正直いってその差はかなり微妙、いや、ほとんど分からない。

教会スラヴ語がもっとも活躍するのは聖書である。現在でも、ロシア語訳やセルビア語訳といった現代語訳聖書の他に、教会スラヴ語訳聖書が比較的簡単に手に入る。中を開けば現代のキリル文字とは違って、独特の活字を使っているのですぐ分かる。基本は同じ形なのだが、外国人にとっては字の形が少しでも変わるとても読みにくい。さらに、正しく音読できるようにと記号がごちゃごちゃとついているので、目がチカチカする。ふつうはこんな文字を読めなくてよい。ただ、最近のロシアでは、単なる飾り文字としてだが、教会スラヴ語風のロゴがよく使われているので、多少でも知っていると楽しいかもしれない。

また教会スラヴ語を「聞きたい」と思ったら、正教会の祈禱に行くとよい。もっとも地域によっては地元のことばで祈りを上げていることもある。チェコの地方都市で正教会に行ったら、そこではもうチェコ語だったという経験がある。

ロシアだったら多くの場合、教会スラヴ語で祈禱をおこなう。わたしは教会スラヴ語を聞くために、ロシアでよく正教会へ足を運んだ。教会は神の家、誰にでも開かれている。もっとも信者でないものを受け入れていただくのだから、礼儀はわきまえよう。騒ぐなんてもってのほか、お賽銭をはずんで当然である。さらに注意すべきこと。正教会のミサは基本的に立ちっぱなしで、教会にはベンチなんてないのがふつうだ。しかも祈りは二時間ぐらいは続く。足を鍛えておかなければ、教会スラヴ語は聞くことができない。

いまでは使われないロシア語の文字

日本語の現代仮名遣いでは「ゐ」と「ゑ」の文字は使われない。

たとえばパソコンかなにかでこれらの文字を使おうと思うと、ちょっと戸惑うときがある。ローマ字入力でw+iと打っても、うまくいくとは限らない。「記号と特殊文字」なんてところに入っていたりする。

この「ゐ」と「ゑ」の文字は、一九四六年から施行された「現代かなづかい」以降、使われなくなった。現代日本語では必要がなくなったから外されたわけである。いわゆる歴史的仮名遣いでのみお目にかかる。漢字の制限ならともかく、使われない仮名があるのはちょっと珍しい。

こういう文字を目にするのは、学校で古文なるものを習うときである。またちょっと古い戦前の書物を開けば、文字ばかりでなく、不思議な仮名遣いの文章に出会うことになる。

では、ロシア語ではどうか。

たとえば十九世紀や二十世紀初頭に出版された本を開けば、いまのロシア語とは少し違った綴りが並んでいる。まずіがある。それからъがやたらに多い（24ページで紹介した話とは違い今度はブルガリア語ではない）。しかし何よりも奇妙なのは、見たことのない文字Ѣが混じっていることではないか。

ロシア語の「かなづかい」、正書法の歴史を見てみよう。

ロシアでは大規模な正書法改革が二回あった。ひとつは一九一七年から一八年にかけておこなわれた。ちょうどロシア革命の時期にあたるが、直接には関係ない。一九〇四年からすでに科学アカデミーが正書法委員会を組織して作業をしていたものが、革命の頃にやっとまとまったわけである（いくらなんでも、革命と同時に正書法を変えるのは時間的にも無理である）。戦後日本の「かなづかい」問題もそうだが、正書法というものがまとまるには長い議論を要するものなのである。

人はこと正書法に関して、とても保守的に出来ている。一度獲得したものをいろいろといじられるのを、喜ぶ人はだれもいない。新しい正書法がどんなに合理的であろうと、必ずケチをつける者が現れるのである。だから、新しい正書法導入には国の強い力に頼ることになるのだ。

一九一八年十月十日、「新正書法導入に関する法令」が出され、「文部人民委員部による正書法新規則」という表題で新しい規則十一項目が発表された。以下にその一部を紹介してみよう。

1 Ѣの文字を廃止し、すべてЕの文字がこれに代わる。
2 Θの文字を廃止し、Фの文字がこれに代わる。
3 語末や複合語の一部に現れるЪの文字は廃止する。しかし分離記号として語中に現れる場合にはこれを残す。
4 Iの文字を廃止し、Иの文字がこれに代わる。
5 （省略）

6　形容詞、形動詞、代名詞の生格は-АГО, -ЯГОに代わって-ОГО, -ЕГОと書く。

7　形容詞、形動詞、代名詞の複数主格および対格の女性形と中性形は-ЫЯ, -ІЯに代わって-ЫЕ, -ИЕと書く。

8　代名詞の複数主格の女性形はОНѢに代わってОНИと書く。

9　女性形でОДНѢ, ОДНѢХ, ОДНѢМИに代わってОДНИ, ОДНИХ, ОДНИМИと書く。

10　人称代名詞女性単数生格はЕЯに代わってЕЁと書く。

11　（省略）

長々書いてすみません。ロシア語を知らない人にはまったくつまらなかったでしょう。でも多少でも現代ロシア語に触れた人にはちょっと面白いんじゃないか。もし何かで旧正書法のロシア語を目にしたときに、参考になるかもしれないと思って細かく引用してみた。

この中で規則の1、2、4が、削除する文字とそれに代わる文字を示している。Ѳはあんまり出てこないので、印象が薄い。そもそも形がФに似ているので、あまり気にならない。Іは英語などでお馴染みなので、あまり違和感がないかと思うが、ロシア語ではとにかく、これを境に使われなくなった。それでも初級を教えていると、答案の中にときどきІを混ぜる、「アルカイックな（?）」スペルにお目にかかることがあって困るのだが。

話は違うが、わたしはロシア語初級のテストをやるとき、必ず注意することがある。「I、N、Rの文字をロシア語に混ぜたら、そこでゲームオーバーだよ（＝すべてはパーで〇点だよ）」。他はともかく、せめてどれがロシア語の文字で、どれがそうじゃないかぐらい分かってないようでは、ロシア語を学習したとは言えないではないか!!

さて、この中でもっとも目立つのはѣだと思う。奇妙な形で、ьの上に冠を被せたみたいだ。実際、この活字がないときにはьの上に手書きで冠を書き足しているのを見かける。大学院生のときには中世ロシア語をやっていたので、このѣが混ざるテクストをいろいろと読んだが、特にタイプ打ちだったりすると、ьの上に手書きで、ものすごく不器用なѣを印刷しているものがけっこうあった。

この文字はその名を「ヤッチ」という。もともとは〈イ〉と〈エ〉の中間のような〈エ〉、または二重母音〈イエ〉を示していたが、すでに十八世紀のモスクワ方言では〈エ〉と発音されていた。発音の上ではEと同じになってしまったのである。しかし綴りのほうは古い伝統が守られ続け、ѣは相変わらず使われていた。発音は同じなのに二つの文字を区別してスペルを綴る、というのは厄介である。国語の先生はこういうところを集中的に試験にだしたんだろうなあ。この頃のロシアの子供に生まれなくてよかった。

一九一七～一八年の改革で、「ヤッチ」などの文字は姿を消してしまった。しかし、考えてみればロシアの文豪の有名どころはほとんどが十九世紀の人びとなので、プーシキン、ゴーゴリ、ツルゲーネフ、トルストイ、ドストエフスキー、チェーホフなど、みなこの旧正書法で作品を書いていたわけだ。いまでは彼らの作品も新正書法に改めているものが多いし、特に学習教材だったら旧正書法ということはまずない。でも、何かの加減で古い全集を覗いたり、作家自身の手書き原稿（だいたいはものすごく「達筆」なので、外国人にはほとんど読めない）を見れば、そこには「ヤッチ」が躍り、語末にはЪがやたらにくっついているテクストを目にするのである。

さて、もうひとつの正書法改革は、これよりさかのぼること二百年以上、一七〇八～一〇年にピョートル大帝がおこなったものである。一七一〇年、彼は古いアルファベットと新しいアルファベットを対照した表を発表した。そこでは、たとえばそれまで使っていたギリシア文字起源のε、ф、ω などが廃止され、新しくЭやЯの文字が導入されたのである。また大文字と小文字の区別もここで初めて登場する。

さらに重要なことは、文字の形を大幅に変えたことである。といってもまったく新しいものを作り出したのではなく、それまで使われていた文字の形を整え、デザインをすっきりさせたのだ。図を見ていただければお分かりかと思うが、つまり現在使われている文字の形とほぼ同じなのである。この新しい文字は「グラジダンスキー・シュリフト」、すなわち「民間文字」という。これはそれまでの「教会文字」と違い、世俗の、つまり宗教文献ではない書物の印刷に使うからである。「教会文字」が教会スラヴ語訳聖書にいまでも使われていることは、先に紹介した。

ピョートル大帝の正書法改革。古い文字に斜線を引き、新しい文字を示す。

正書法だけでなく、文字の形を改革しようとしても、やっぱり大きな力が必要だ。そういえばドイツ語の「亀の子文字」が最終的に使われなくなったのは、ヒトラーの時代だったっけ。

「ふたり」だけの世界

英語を習ってはじめて出てくる文法事項は、複数形だと思う。覚えたばかりの英単語、でも二つ以上のものを表わすときは、いちいち-sを付けろという。うっとうしいなあと感じるのだが、英語の先生は「英語は単数と複数をはっきりと区別している。しかし日本語はその点あいまいだ。英語がいかに明確な言語であるか、ここからも分かる」と胸を張る。そうかな？

ヨーロッパの言語はこの単数と複数を区別するものが多い。だからといって別に偉くない。世の中、単数・複数を分けない言語はいくらでもある。しかし、そういう言語を使っている民族は数字に弱い、という説はついぞ聞いたことがない。数の問題は単に文法上の決まり事、価値観と結び付けることは意味がない。

ロシア語もこの単数と複数を区別する。単数形から複数形をつくるのは、英語ほど簡単じゃない。子音で終わる男性名詞は-ыを付け、-аで終わる女性名詞は-аを-ыに換えて、ただしその前の子音がк、г、хだったら…… やめとこう。そういうことは詳しい文法書を覗いてください。

さて、現代のロシア語でこの数のカテゴリーは単数と複数の二種類しかない。ところが中世のロシア語には、さらにもう一つあったのである。

この単数でも複数でもない数のことを「両数」または「双数」という。「両手両足」の「両」、「双眼鏡」の「双」というところからも分かるように、これは特に《2》を表すための数なのだ。つまり単数＝1、両数＝2、複数＝3以上というようにグループ分けをするのである。昔のロシア語では、《2》のあとには複数形とは違った語尾をもつ、この両数形を結びつけた。さらにペアでよく使われるもの、たとえば手や足や肩などはこの両数が用いられていた。当たり前である。この両数はロシア語に限らず、古い時代のスラヴ語文献にはよく出てくる。

しかし、これは面倒くさい。単数・複数だけでもたいへんなのに、なんでわざわざ《2》を特別扱いするのか。ロシア人もやっぱり同じように思った。実際に話すときに、本当に《2》のためだけにいちいち言い方を変えていたのか？　これは証明するものがなにもないので、なんとも言えない。では書かれたものについてはどうだろう？

ロシアで古い時代に書かれたものは、宗教や歴史記録などまじめなものが多かった。まじめなものを書くときには、当然、「文法」を意識して正しく書こうと努力する。現代日本人だって、ふだんは「見れる」などと言っていても、書くときは「見られる」となるのと同じだ。だから両数もわりとまじめに守られていた。

しかし、それにも限界がある。ふだん使いつけていないことばを無理に使おうとすると、ボロが出る。ロシアでも十三世紀頃から、両数形の代わりに複数形を使って書かれた文書が目立ってきた。話しことばだったら、もっと複数形が用いられていたことだろう。そもそも、《2》だけを特別扱いする意味はあまりない。消えていって当然といえば当然なのである。

しかし古い時代の遺産はそう急に消滅しない。現代ロシア語でも、たとえば「袖」を表わすрукав〈ルカーフ〉という語がある。この複数形は、さっき書きかけた現代語の規則からいえば、-ыを付け加えそうに思えるのだが、実際にはрукаваと-aがつく。これは古い両数形の名残である。現代の文法では「不規則」として説明するしかないが、実はこういう理由があったのだ。

さらに、これはロシア語文法を一通りやったことのある人向けのお話。数詞《2》と結びつくとき名詞は複数主格ではなく、単数生格になるという、どう考えても理不尽な規則を覚えておられるだろうか（ふつうはあまり覚えていない）。これは現代ロシア語で名詞の単数生格形が、古い時代の両数主格形とたまたま同形だったので、これを使っているという理由による。さらに男性・中性の場合、形容詞は複数生格になるので「2＋形容詞複数生格＋男性・中性名詞単数生格」、という結びつきが出来上がるのだが、ここまで覚えている人はほとんどいない。さらに不思議なことには、現代ロシア語の場合、この面倒な規則が《2》だけでなく、《3》と《4》にまで適用されるのである。だいぶ混乱してきたでしょう。すみません。これらはみんな、過去の遺産をなんとか現代風に説明をつけてまとめようとした、苦心の結果なのです。

このようにいろいろと苦労して過去の遺産を継承しているわけだが、とにかく、現代ロシア語では両数という数カテゴリーはもうない。

しかし、スラヴ諸語の世界は広い。現代でも上・下ソルブ語とスロヴェニア語では、この両数が残っているのである。

ある年の二月、わたしはスロヴェニア語の冬期講習会（二週間コース）に参加するために首都リュブリャーナに向かった。行きの飛行機の中であわてて文法書に目を通すという、不真面目極まる態度で（ふつうだったら、ちょっとは予習しておくものである）授業に臨んだのであるが、教え方のとても上手な先生と元気のよいクラスメートとともに、とても有意義な二週間を過ごすことができた。

両数のことも知識としてはもちろん知っていた。しかし実際に勉強してみると、やはり違う。たとえば動詞の活用を覚えるとき。「話す」という動詞だったら、これがロシア語などの場合は、「わたしは話す、君は話す、彼は話す、わたしたちは話す、君たちは話す、彼らは話す」というふうに唱えながら覚えていく。ところがスロヴェニア語だとこれに両数が入ってくるので、唱えるべき活用は「わたしは話す、君は話す、彼は話す、わたしたち二人は話す、君たち二人は話す、彼ら二人は話す、わたしたち（三人以上）は話す、君たち（三人以上）は話す、彼ら（三人以上）は話す」となり、覚えることが五〇パーセントも増えてたいへんである。

どうしてこういう面倒くさいものが生き延びているのか、不思議である。もちろん、日常生活では両数形を複数形で置き換えている例も報告されている。しかし、標準語ではやはりしっかりと守られているし、特に「わたしたち二人」はふだんでも両数形を保っているという。

このスロヴェニア語の講習会には、家内と二人で参加した。家内はスロヴェニア語学習歴四年で、講習会も夏を合わせて計三回目、最上級クラスに入って勉強していた。何度もリュブリャーナに来ているので、当然、知人友人も多い。ご招待に与かることもしばしば。そこで夫婦そろって出かけるのだが、そこでの会話はもちろんスロヴェニア語となる。学習歴数日のわたしは口数があまり多くないのだが、ときどき会話に加わる。そのとき注意しなければならないこと。そう、二人で行動しているから、両数を使うチャンスがやたらに多いのだ‼

ああ、神様！

ロシア語の学習で苦労する項目の一つに「名詞の格変化」がある。

こういう文法用語が出てくると、なぜか過剰反応する人がいる。「あっ、覚えてる、ええっと、なんだか六種類あって、いろいろと違う語尾を持っていて、そうだ、それが単数と複数の両方あるから、全部で十二種類の語尾を暗記しなくちゃならなくて、もうたいへん。それに形容詞をつけると、もっといろいろあって、それでもう、キーッ！」。そして心理的プレッシャーのあまり、ヒステリーを起こして倒れる、というほどではないけれど、こういうものはあわてて詰め込もうとするととても辛い。まあまあ落ち着いて。

ロシア語では、文の中で名詞がどんな役割をするか、つまり、主語とか目的語といった役割を、語尾の形を変化させて表わしている。日本語では「〜を」とか「〜に」などの助詞類を付けるけれど、ロシア語ではそれぞれ名詞自体の語末の一部を変化させているところが、ちょっと違う。

たとえば日本語で直接目的を示すときには、名詞に「〜を」という助詞を付けて示す。この「〜

を」はどんな名詞にも付けられるし、その意味するところはいつでも直接目的である。これがロシア語だったら、たとえば「ウォッカを」と表わすときにはводку〈ヴォートク〉となり、водка〈ヴォートカ〉の最後の-aを-yに換えて直接目的であることを示す。日本語と比べると、新しい要素を付け加えるのではなく、単語の中の一部を換えているところが違う。また、водкаは「ウォッカが」という主語を表わしている、とも言える。でもこれだけでは済まない。

この直接目的の-yはどの名詞にも使えるわけではない。たとえばпиво〈ピーヴァ〉「ビール（が）」という名詞がある（アルコールばかりですみません。わたしが教科書を作ると、やたらに飲み物が多く出てくると指摘される。実際、日常においてもわたしは水分〔アルコールだけではない〕を常に補給し続けていないとだめなのです）。これに-yという語尾をつけることはできる。しかし出来上がったпиву〈ピーヴ〉は「ビールを」ではない。「ビールに」という間接目的を示すことになってしまうのである。つまり主語のときに-aで終わる名詞が-yという語尾をとるのと、主語のときに-oで終わる名詞が-yという語尾をとるのとでは、その語尾の役割が違うのだ。ここが日本語の助詞と違って、一筋縄ではいかないところだ。そして、語尾の形ではなく、その役割別にグループ分けをして出来たものを「格」というのである。

この格がロシア語では六種類ある。それぞれの名称と主な役割は別表のとおりである（表5－1を参照）。

名称	主な役割	主な意味	前置詞
主格	主語を表わす	～は、が	×
生格	所有を表わす	～の	○
与格	間接目的を表わす	～に	○
対格	直接目的を表わす	～を	○
造格	手段や道具を表わす	～で	○
前置格	場所を示す前置詞などと結び付く	—	◎

表5-1　ロシア語の名詞の格
前置詞…◎：必ず結び付く。
○：結び付くときと結び付かないときがある。
×：決して結び付かない。

しかし文の中の役割を決めるのは、この格だけではない。英語のように前置詞というものがあって、これもさらに多様な役割を担っているのだ。六つの格のうち、主格は前置詞と結び付くことが決してなく、また前置格は（その名が示すように）常に前置詞とともに用いられる。残りの四つの格は前置詞と結び付くこともあれば、そうでないこともある。また、同じ前置詞でも結び付く名詞の格によって意味が変わってくるので、うかうかしていられない。

スラヴ諸語の多くは、このようなしくみで名詞が文の中で役割を決める。こういうタイプを言語学では「屈折語」という。こういったことばを勉強していると、性格が屈折してくるという意味ではない。文法的な語形変化のことを屈折というのである。

主格	пиво	водка
生格	пива	водки
与格	пиву	водке
対格	пиво	водку
造格	пивом	водкой
前置格	пиве	водке

表5-2　пиво「ビール」とводка「ウォッカ」の格変化

スラヴ諸語をいろいろと勉強すると、一つめはこの格変化などでとても苦しむが、二つめからは（語尾をちゃんと覚えられるかはともかく）どういうしくみで文を組み立てたらよいのか、という勘が働くようになる。とはいえ、たとえばスロヴェニア語では造格も前置格のように常に前置詞と結び付くなど、多少は違うところがある。

しかし同じスラヴ諸語の中でも、ブルガリア語とマケドニア語だけはすでに格変化をしなくなっているので、文の構成もだいぶ違う。前置詞を頼りに文の中の役割を決めるなんて、まるで英語みたいだ。こういうスラヴ諸語もあるんだよと紹介すると、ふだんから格変化で苦しめられているロシア語学習者は「あ〜あ、ブルガリア語を選択すればよかった」と嘆く（しかしそれは甘い。ブルガリア語やマケドニア語の難しさは別のところにあるのだ)。

すでに説明してきたように、ロシア語は格が六つある。しかし、どのスラヴ諸語でも格が六つというわけではない。いや、むしろ七つというところのほうが数としては多い。ではロシア語にはない「七つめの格」とは何か。

これは「呼格《こかく》」と呼ばれている。誰かに呼びかけるときに使うので、他の格とは性格がちょっと異なる。ロシア語とよく似ているウクライナ語なのに、この呼格に関してはしっかりと保っている。たとえばПетро〈ペトロ〉という男性に呼びかけるときにはПетре!〈ペトレ!〉となり、またОксана〈オクサーナ〉という女性だったら、Оксано!〈オクサーノ!〉となって、語尾が少しずつ違う。

この呼格はふつう生きているものに対して使うが、理論的には物に使うこともできる。相応しい呼格の語尾を付ければ、「わが愛車よ!」とか「パソコンちゃんよ!」などと呼びかけたっていいのだ(多少は不気味な気もするが)。文法的にも十分可能であり、詩や文学作品などではしばしば見られる。しかし、これが複数形になると形の上では主格と同じであり、特別の語尾はない。また形容詞や代名詞ではいつでも主格と同じ形である。

ロシア語でも中世にはこの呼格が使われていたが、常に正しく用いられていたわけではなかった。ロシアでもっとも古い写本『オストロミール福音書』を見てもそうで、呼格の代わりに主格が用いられる傾向が時代を下るにしたがってだんだん強くなっていく。この変化が完了したのは十四〜十五世紀で、中世の東スラヴのことばがロシア語、ウクライナ語、ベラルーシ語に分かれていく時期である。面白いことには、同じ東スラヴ語群なのにウクライナ語と、ベラルーシ語の一部にはこの呼格が残っている。

現代ロシア語では、たとえばБоже!〈ボージェ!〉「神様!」とかГосподи!〈ゴースパジ!〉「主よ!」というときに、辛うじて呼格の残存に出会うが、これも間投詞として使われているわけで、呼格とはもう言えない。その他にもОтче наш〈オッチェ・ナーシ〉というのは「我らが父よ」、すなわち「天にまします……」で始まるマタイ伝第六章九〜十三節の「主の祈り」と言われるものである。このОтчеにしても、昔の呼格の名残であるが、やはり特殊な使い方だ。

しかし、いまロシア語には新しい呼格形が生まれつつある。мама〈マーマ〉「ママ」に呼びかけるときにмам!〈マーム!〉というように最後のaが落ちてしまうような例が、最近報告されるようになってきた。これは語末でアクセントのないaが消えてしまう現象で、いままでの呼格とはまったく違う起源だ。

このように他のスラヴ諸語で見られるような呼格は、ロシア語で失われてしまった。しかしあるとき不思議な経験をした。

だいぶ前、ナホトカで子供キャンプの通訳をしていたときのことである。日本から連れていった田中君という聡明な中学生が、こんなことを言った。「ねえ、ロシア人の子供の何人かが、ぼくのこと『タナコ』って呼ぶんで、なんか変なんだけど」いったいどの子がそんなこと言うんだと、わたしは田中君にどの子とどの子か教えてもらい、とても驚いた。「タナコ」と呼んでしまうのはどの子もみんなウクライナ系。わたしがウクライナが好きだと言ったら、「ぼくたちもおじいちゃんやおばあちゃんはウクライナ人なんだよ」と教えてくれ、仲良くなった子供たちばかりだ。じゃあ、これはウクライナ語の呼格なのか? 当時の極東ナホトカあたりでは、公式なウクライナ語教育などないし、どの子もウクライナ語は話せないと言っていた。家の中で家族が使っていることばが、いつのまにか身についてしまったのだろうか。

文字で数字を表わす方法

わたしたちは「1、2、3……」という数字を、何の違和感もなく使っている。いや、この数字がなかったら、日常生活に支障をきたす。漢数字の「一、二、三……」ももちろん現役だし、その他「壱、弐、参……」というもの、たとえば小切手などには不可欠だ（わたし自身は小切手とあまり縁のない生活を送っている）。でも、やっぱり算用数字のほうがずっと使われていると思う。

日本語は縦書きも横書きもできるから便利だ。数式の間に文があっても困らない。当たり前のように思うかもしれない。しかし、たとえばモンゴルで最近、キリル文字を捨てて民族固有のモンゴル文字を採用しようとしたとき、困ったのはこの点だった。モンゴル文字は縦書きしかできない。算数の教科書を作ることすら難しいのだ。

この便利な算用数字は、一般にアラビア数字と呼ばれている。しかし現代アラビア語ではこの「1、2、3……」という数字を使っていない。この数字の形はインドに起源があるらしいが（そういえば0があるということからも、インドとの関係が想像される）、ヒンディー語の文字の数字一覧表を見てもそんなに似ていない気がする。

いまではこのアラビア数字が世界中で通用する。ことばが通じない観光客と商人が、電卓片手に「国際コミュニケーション」をおこなう光景も珍しくない。本当に便利だ。

数字にはこの他に「Ⅰ、Ⅱ、Ⅲ……」というのがあって、ローマ数字と言われている。日本ではあまり使われることがなくて、せいぜい時計のデザインぐらいかもしれないが、現代ロシア語では世紀を表わしたり、皇帝の「～世」というときに使う。

しかし、スラヴ世界、特にキリル文字を使う地域でこのアラビア数字を使うようになったのもそう古いことではない。昔は文字に記号をつけて数字を表わしていたのだ。

写本を見ていただきたい（写真を参照）。左端に並んでいるキリル文字の上には、どれも短い線が引いてある。この短い線のことをロシア語では「ティトロ」といい、文字の上につけるとそれは音ではなく数を示すという約束になっている。aの上に「ティトロ」がついていれば、それはもう〈ア〉ではなく、数字の1を示しているのである。さらに文字の前後に点を打つのが特徴だ。

このように文字を数字に当てるのは、なにもスラヴのオリジナルではない。古くはヘブライ語でも、アレフという文字は1、ベートという文字は2、というシステムを採っていた。

ローマ数字も、Ⅴは5、Ⅹは10、Ｌは50、Ｃは100というように文字を数字として使っている。

しかしローマ数字の場合はⅩを二つ書けば20、三つ書けば30となるが、中世ロシア語の「ティトロ」方式では10がⅠ、20がＫ、30がЛとそれぞれにまったく別の文字を当てているところが違う。さらにローマ数字のⅣは5－1＝4という方式を採っているが、「ティトロ」方式にはそういうのもない。

古い文献をスラスラ読もうと思ったら、中世ロシア語の語彙や文法を覚えるだけではだめで、実はこの「ティトロ」のついた数字も覚えなければならない。たとえば暦。ロシアでは「天地開闢暦」といって、聖書に出てくるアダムを起点にして数えるギリシア式の年代計算法を用いていた。キリストの生誕に五五〇八年を加える方式で、つまりキリストが生まれる五五〇八年前に神が世界とアダムを創ったと考えるわけである。この計算法だと、たとえば一九九九年は七五〇七年となる。とにかくやたらと大きな数字になる。ロシアの古い歴史をまとめた、日本の古事記に相当するものに『過ぎし歳月の物語』（またの名を『原初年代記』）というのがあるが、年号はすべてこの「天地開闢暦」を使っているので、この四桁からなる大きな数字が読み取れなければならない。また古い墓碑にも生没年がこれで書いてある。わたしはこれになかなか慣れることが出来なかった。まあ、単純なシステムなのだが。

「ティトロ」の例。15世紀の写本。

この「ティトロ」にはもう一つの役割がある。たとえばВладыко〈ヴラディコ〉という語がある。「君主」という意味だが、見てお分かりのように長い。そこでこの「ティトロ」を用いて

В҃дкоと簡略に表わす習慣がある。このように「ティトロ」は略字記号にも使われるのだ。また Господь〈ゴスポヂ〉「主」はГ҃дьと略して、дの上あたりに小さなсを載せ、さらに小さな「ティトロ」を被せるという、二階建てバスのような構造で略語を示す。子音や母音を表わす部分を漢字のように組み立てるところは、まるでハングルみたいだ。

なぜ、こうまでして語を省略しようとしたのか。長い語が面倒くさい。それもあるだろう。しかしもっと切実だったのは紙の節約である。当時は羊皮紙が貴重品だったので中世の人は大切に使っていたのだ。物を大事にするのは結構なことである。しかし文献学を志す初心者にはちょっと厄介で、慣れが必要である。

「アイウエオ」の本

スラヴの子供たちも、小学校に入学すれば文字の読み書きを勉強する。ロシアの子供たちだったら、キリル文字を学ぶ。当たり前だ。

小学一年生用の文字を覚えるための教科書を、ロシア語ではбукварь〈ブクヴァーリ〉という。буква〈ブクヴァ〉というのがそもそも「文字」のことなので、つまりは「文字教本」という意味である。とまあ露和辞典には書いてあるが、これもなんだかずいぶんと古臭くて堅苦しい気がする。「アイウエオの本」ぐらいでいいんじゃないかと思う。

ロシア語では、文字の一覧表を示す語が二つある。一つはалфавит〈アルファヴィート〉、もう一つはазбука〈アーズブカ〉という。〈アルファヴィート〉とは、つまりアルファベットのことである。言語学的に定義すると、アルファベットとは一音に一文字が対応するシステムのことをいう。でも一般には文字の一覧表という意味で使われることが多い。このアルファベットにせよ〈アルファヴィート〉にせよ、ギリシア文字一覧表のはじめの二文字、α（アルファ）とβ（ベータ）からこの名前がつけられたのだが、ご存じだったろうか。

（英語ならalphabetなのに、ロシア語ではалфавит、つまりвではなくてбではないのか、これは日本人特有のミスではないか、と考えた方がいたのではないだろうか。いえいえ、なぜかこれでいいのです。ロシア語の場合、外来語を受容するときbがбでなくвに対応することがある。この他にもsymbolはсимволが対応している。英単語からの類推でスペルをチェックしようとすると、必ずしもうまくいくとは限らないのである。）

もう一つのазбука〈アーズブカ〉というのは、古いスラヴ語のアルファベットから最初の二文字の名称をとっている。つまり昔々、aの文字は「アズ」、бの文字は「ブーキ」と呼ばれていたのである。いまのロシア語ではaは「アー」、бは「ベー」という、その文字の示す音を反映した、つまりは面白くも何ともない名称で呼ばれているが、昔は違っていた。「アズ」は「わたし」、「ブーキ」は「文字」という意味で、つまりその音で始まる単語で呼ばれていたのである。もっともすべての文字にこのような名称があるわけではなく、終わりのほうでは、たとえばшは「シャー」という。名前をつけるのに疲れてしまったのか？

この6の文字の古い名前буки〈ブーキ〉も、文字を示すбуква〈ブクヴァ〉も、「アイウエオの本」букварь〈ブクヴァーリ〉も、みんな関係のある語である。

手元に一九八四年にモスクワで出版された『〈ブクヴァーリ〉の本』がある。一九八四年といえば、まだペレストロイカの始まる前。まず、まえがきがあって（しかし字の読めない子供にまえがきを書いてもしようがないと思うのだが）、「今日からみなさんはすばらしい、いつもとは違った国への旅を始めることになります。それは知識の国への旅なのです！　みなさんは読み書きを勉強し、はじめて、わたしたちみんなにとって大切で身近なことばを書いてみることになります。それは『ママ』『祖国』

そして『レーニン』ということばです」。さらにページをめくると、右にはレーニンの大きな顔、左には カーネーションを手にした若い女の先生（新学期には花を贈る習慣がある）と、彼女を囲む瞳明るい少年少女たち。その背景には赤く塗られたソヴィエトの地図、そしてその下に「われらが祖国はソ連」ということば。もう、コテコテに社会主義が入っている。

しかし、そのあとは公園で遊ぶ子供たちとか、動物、田舎の風景などが続き、イデオロギー臭くはない。ところが文字もさっぱり出てこない。やっと十一ページになってaの文字が登場し、aのつく単語のイラストが現れる。ありそうなパターンである。しかしその次にくる文字はбではない。oである。そのあともи、у、ыと母音が続く。そしてэやеがまだ出てこないのに、その次は子音нとなる。そしてここまで習った文字を組み合わせて、少しずつ語や文が出てくるのである。

わたしはソヴィエト国語教育の専門家ではないので、これにどのような教育的効果があるのかをきちんと指摘することはできない。ただ、日本でロシア語教育に関わっているものとして、「文字をアルファベットの順番に教育する必要はぜんぜんない」と常々思っているので、この方式には賛成である。〈アルファヴィート〉の順番に教育したがるのは、教師が早く辞書を引かせようと考えているからなのだが、初歩の段階から辞書を引くことは、ロシアの小学生にも日本の学習者にもまったく必要ない。

さて、ここにもう一冊、一九九〇年にキエフで出版されたбукварь〈ブクヴァール〉、つまりウクライナ語版『アイウエオの本』がある。その構成はさきほどのロシア語版ととてもよく似ている。例によって「子供には読めないまえがき」があり、そこには「人生はすべて小さなことから始まります。小さな穀粒からパンができ、小さな光から日の出が始まります。レーニンその人も、多難に満ちたその道を、やはりあるとき『アイウエオの本』から始めたのです」という詩がある。そして第一ページには古臭い服装で右腕に本を抱えた男の子の絵があるが、わたしはこれを子供時代のレーニンではないかと睨んでいる。そしてa、y、o、и、м、i、нと、母音と子音を混ぜながら語や文をお勉強していくのである。

このような『アイウエオの本』は日本にもあるし、別に珍しくはない。どこでも子供の教育用にこのような絵がたくさん入った本を利用する。ちなみに、子供の教育のためにイラストを利用することを思い付いたのは、十六世紀末に現在のチェコはモラヴィアで生まれた、ヤン・アーモス・コメンスキーという人である。

では、このようなスラヴ版『アイウエオの本』は、いつ頃から登場したのであろうか。

キリル文字によるものでは、十六世紀の中頃より『アイウエオの本』の印刷版が現れる。もちろん、それ以前にも手書きではいろいろあったかも知れないが、ここでは触れない。

東スラヴの世界で『アイウエオの本』を初めて出版したのは、イワン・フョードロフという人物である。フョードロフは十六世紀に活躍した啓蒙家で、当時のウクライナやベラルーシの各地でさまざまな出版事業をおこなっている。特に一五八一年に出した『オストローグ聖書』（オストローグは現ウクライナの地名）は彼の代表作で、これは旧約・新約とも完全に収録した、初の印刷版教会スラヴ語訳聖書なのである。

このフョードロフは生涯に三種類の『アイウエオの本』を出版している。もっとも古いのは一五七四年にリヴォフ（現ウクライナ）で出したキリル文字の教本である（今度は古い時代のものだから、「教本」という硬いことばを使ってもいいだろう）。これはキリル文字の教本としては史上三番目で、その前にもドイツのチュービンゲンで一五六一年に印刷した人がいたし、またイタリアのヴェネツィアでは一五七一年に出た祈禱書の中にキリル文字教本が収められている。キリル文字とは関係のなさそうな地域でこういうものが出版されたというのも妙に思われるかもしれないが、それは当時の印刷技術と関係する。

フョードロフの『リヴォフ版キリル文字教本』は、それでも東スラヴ世界では初めての印刷版だし、さらにロシア教会スラヴ語によるものとしても初である。現在まで伝わっているのは世界にたった二冊、ハーヴァード大学と大英図書館にしかない。印刷された本なのに、意外と少ない。

この『リヴォフ版キリル文字教本』は最近では一九七五年にキエフで復刻されている。復刻版を手にとってみると、手のひらサイズの小型本で、全部で七八ページ（さらに余白が二ページ分）しかない。題名もなにもなく（だから苦労して『リヴォフ版キリル文字教本』などと呼んでいるのである）、最後のページには出版地リヴォフの紋章と、フョードロフの印刷マーク（検印）が出版年とともにある。奥付けもしっかり出来ている。

1983年、フョードロフ没後400年を記念して造られた1ルーブル・コイン。

さてその構成である。まさかレーニンは出てこない。このフョードロフの作品に限らず、その頃の文字教本は「文法編」と「読本編」から構成されていた。「文法編」は文字やその組み合わせ、さらには語の変化など文法的なことが記述されている。説明はあまりない。「読本編」のほうは暗唱用の「ためになる読み物」が収められる。つまりは聖書や教理問答書、祈禱書などからの引

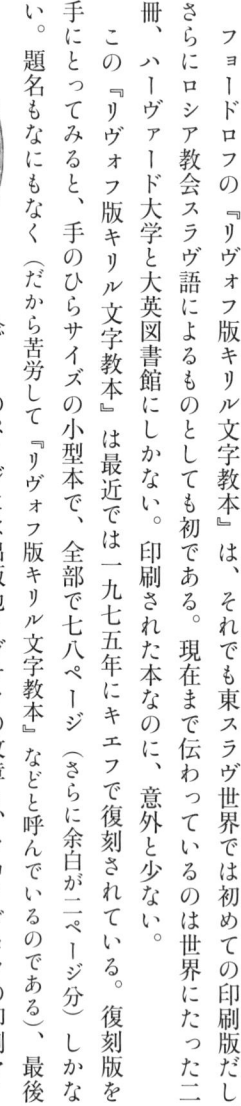

用・抜粋などからなる。そう、文字教育はすなわち宗教教育だったのだ。

『リヴォフ版キリル文字教本』もこの原則にしたがっている。まずアルファベット表が来る。しかもご丁寧なことに三種類もある。普通の並べ方、逆さまの並べ方、さらに左から縦に五文字ずつ八行を四角く並べたものである。なんでこんなことをするのか、わたしには皆目不明である。

このアルファベット表のあとは、文字の組み合わせの例が延々と続く。つまりбa, вa, гa, ……それからбe, вe, гe, ……となり、二文字結合が終わると今度はбpa, вpa, гpa, ……と三文字結合の例となる。なんだか虚しい。これが五ページほど続く。

そのあとはさまざまな単語の変化した形が並ぶ。説明もなにもなく、いろいろな文法形態がその本の半分ぐらい続く。ちなみに唐草模様の装飾の他に、イラストは一切ない。

そのあとにはアクロスチックと呼ばれる、アルファベット順にそれぞれの文字で始まる短文が並ぶ。「いろはかるた」みたいだが、別に諺を集めたわけではない。そして最後には聖書や祈禱書からの抜粋が続くのである。

フョードロフによる二冊目は、一五七八年に、聖書のときにも出てきたオストローグという町で出版された。この文字教本はキリル文字とギリシア文字のための『アイウエオの本』で、全編にわたり教会スラヴ語とギリシア語の二言語で表記されている。

この『オストローグ版キリル・ギリシア文字教本』は全部でたった十六ページしかない。表紙や検印などを除くと本文は十三ページになる。はじめにアルファベット表が一ページ分あり、ギリシア文字アルファベットが四種類も収められている。そのうちの二番目は、ご丁寧にもギリシア文字の一つ一つにスラヴ文字でそれぞれの名称が記してある。残りの読み物は、教会スラヴ語とギリシア語の対訳になっている。この教本の完全版はドイツにたった一冊しかない。

『オストローグ版キリル・ギリシア文字教本』は、ギリシア語を勉強するスラヴの子供のために作られた。キリスト教の中でも正教文化圏では、ギリシア語が優勢である。お勉強する必要も生じてくる。繰り返しになるが文字教育はやっぱり宗教と結びついているのである。

三冊目はやはりオストローグで出版されたキリル文字のみの教本だが、発行年は明記されていない。一五七八年から一五八〇年に作られたと思われる。完全版はまったく伝わっていないので、不明な点が多い。内容は『リヴォフ版キリル文字教本』に近い。

以上三冊の中で、もっとも有名なのは最初の『リヴォフ版キリル文字教本』である。現在から見れば構成もずいぶん違うし、また文法を説明することも少なくて、不親切かもしれない。読み書き教育に対する考え方の違いだろう。とにかく、このフョードロフの文字教本は、十六～十七世紀のロシアの教科書や文法書などに大きな影響を与えたと言われている。

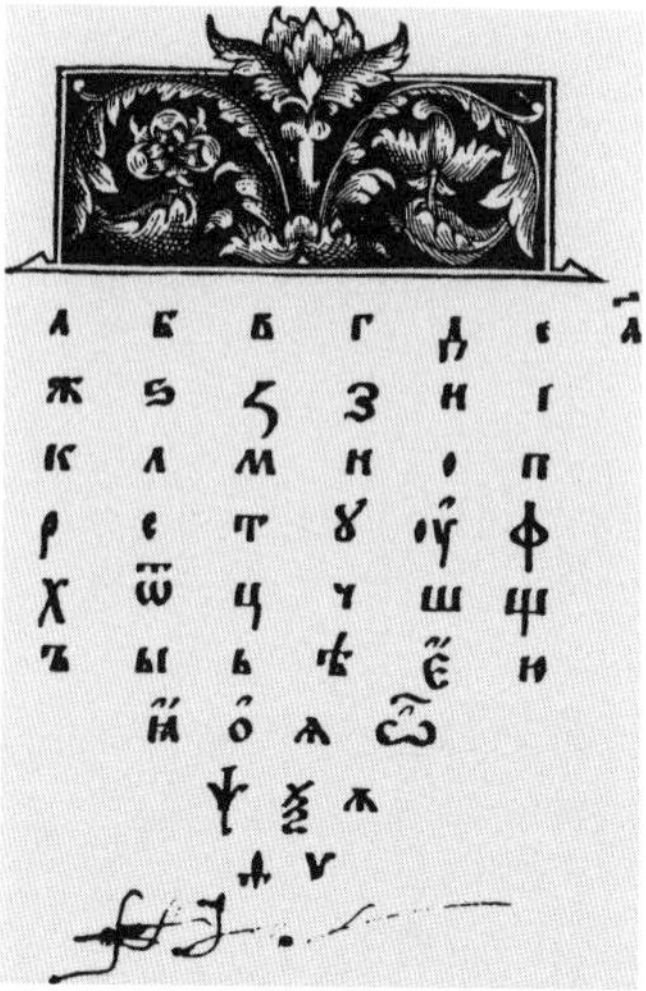
『リヴォフ版キリル文字教本』1574年。

このような『文字教本』は子供のために作られているのだが、特に子供向きという配慮は感じられない。どのページも文字ばかりだ。やっぱりコメンスキーのアイディアは素晴らしい。教科書にはイラストがあったほうが楽しいではないか。たとえレーニンおじさんでも（?）。

聖書を印刷する啓蒙家

スラヴ諸語はどれも十九世紀頃に近代標準文章語が成立してきた。そしてどの地域でも「国語創設の父」とも言うべき人物が活躍したのである。

たとえばロシア。中世の教会スラヴ語を脱して新たなロシア語の規範を築いたのは、詩人アレクサンドル・プーシキンである。当時は古典語のみを重視したり、民衆のことばだけを洗練させようとしたり、いろいろな立場からロシア語をまとめようとして混沌とした状況だった。その中でプーシキンは伝統的な書きことばに西欧風な要素、さらには民衆のことばの素朴さと簡潔さのすべてを融合させて、新しいロシア語を生み出したのである。

ロシアには大物の詩人や作家が数多くいるが、その中でもプーシキンは別格である。ロシア語の父と仰がれ、ロシア言語文化のシンボル、現代ロシア語はすべて彼から始まるとさえ言われる。ロシアではプーシキンの誕生日である六月六日が文化の日になったそうだ。

十九世紀の近代標準文章語の成立には、このプーシキンのような国民詩人が多くのスラヴ圏に存在する。ロシアの隣のウクライナには詩人タラス・シェフチェンコ、ポーランドだったら詩人アダム・ミツケーヴィッチだろうか。アルプスの東に位置する小国スロヴェニアにも、国民詩人フランツェ・プレシェレンがおり、彼こそは近代スロヴェニア語のシンボル、切手や紙幣にもデザインされ、詩人の命日二月八日は文化の日で、「プレシェレン賞」という文学賞の授賞式がおこなわれるのである。こういう国民詩人の作品は、国語の教科書にたくさん取り上げられるので、小学生はいやでも暗唱しなければならない。

もっともすべてのスラヴ諸地域でこのような国民詩人がいるわけではない。民族を代表するような詩人はもちろんいるが、近代文章語の成立には言語学者や啓蒙思想家のほうが貢献した、というところもある。たとえばチェコ語なら言語学者ヨゼフ・ドブロフスキー、セルビア語では言語学者で民族学者ヴーク・カラジッチが、何といっても大きな役割を果たしている。

いずれにせよ、こういう「国語創設の父」たちの肖像画は、大学の文学部の目立つところに掲げられているものである。そういうときに「これは誰でしょう?」などとトボケたことを聞くと、呆れら

スロヴェニアの1000トーラル札。国民詩人プレシェレンがデザインされている。

れること間違いなしなので気をつけたい（といっても、どれもこれもが詩人や言語学者ではないので、念のため。特にハゲた頭とヒゲが似ているからといって、ウクライナの偉大な国民詩人と「ロシア革命の偉大な指導者」を間違えぬこと）。

では、これがベラルーシだったらどうだろうか。

十九世紀、ベラルーシも他のスラヴ圏と同じく民族覚醒運動が盛り上がった。詩人や作家も多く輩出している。ベラルーシの三大詩人といえばヤンカ・クパラ、ヤクブ・コーラスそしてマクシム・バフダノーヴィッチで、みな十九世紀末から二十世紀初頭に活躍した。もっとも日本ではまったく知られておらず、たとえ日本のロシア文学者でもその作品を読んだことのある人は稀だろう。

また言語学者も、辞書をまとめたノソヴィッチや、ベラルーシ語の総合的な研究をおこなったカルスキーなど、ベラルーシ語に貢献した人はいろいろといる。しかし、これらの詩人や言語学者も、「国語創設の父」というのとは違う。

では、ベラルーシ語のシンボル的な存在は誰なのか。それがここで紹介しようと思っているフランツィスク・スカルィナなのである。

スカルィナの名前を知ったのは、わたしが大学院生のときだった。ロシア語書籍を扱っている書店から来た近刊カタログを眺めていたら、あるときこの名前がずらりと並んでいた。

「十六世紀の啓蒙思想家フランツィスク・スカルィナ」

はて、聞いたことない名前だな。当時は中世ロシア語を勉強していたので、十六世紀の文人だったら知っているはずなのに、ふーん、いったい誰だろう。ちょっと調べてみたくなっていろいろと読み始めたのだが、思えばこれがわたしのベラルーシ語研究（ってほどのものではありませんが）のきっかけだった。

フランツィスク・スカルィナは東スラヴ世界で初めて聖書を印刷した啓蒙思想家である。一九九〇年は彼の生誕五〇〇周年で、国連のユネスコもこれを祝い、旧ソ連や特にベラルーシではこれを記念して数多くの書物が出版された。わたしがロシア語書店のカタログでスカルィナの名を多く見たのはこのためだったのだ。

このときから五〇〇年前、すなわち一四九〇年、スカルィナは現ベラルーシ、当時のリトアニア大公国のポーロツクで生まれたらしい。らしい、というのは詳しくは分かってないからで、中世の人物では生没年のはっきり分かっているほうがむしろ例外的なのだ。何せ古い話である。スカルィナはまず商人であった父親より文字の読み書きを習った。それからカトリック教会の付属学校でラテン語などを勉強する。リトアニア大公国ではカトリックの勢力も強かったし、またラテン語は学問世界へのパスポートだった。この学校を卒業した後、彼はポーランドのクラクフ大学で学び、ここを卒業してからさらにイタリアのパドヴァ大学に留学、医学博士号を取得している。

ふつうだったらこれで医者になるわけだが、スカルィナはここで方向を一八〇度転換し、聖書の出版を志す。なぜそんなことを思いついたのか？　その理由は憶測に過ぎないが、ヨーロッパ各地でさまざまな修行を積んだ彼は、愛する故郷にもルネサンスの理想を広めようとしたのではないか。少なくともベラルーシ人の多くはそう考えている。

一五一二年から一五一七年の間に（またしても正確な年が分からないのだが）、スカルィナは出版事業を起こそうとプラハへやって来る。当時キリル文字を使う印刷所は、たとえばクラクフにはすでにあって、ここでは一四九一年には祈禱書を出版している。またヴェネツィアにも同様の印刷所があった。しかしスカルィナはそのどちらにも向かわずにプラハを選んだ。プラハはフス派運動の時代より聖書を用いて国民の啓蒙にあたる伝統があったので、出版活動にふさわしい環境だと考えたのかもしれない。

一五一七年八月六日、スカルィナはまず『詩篇』を翻訳・出版する。この頃の聖書というのは今日のように初めからまとまっていたのではなく、その中の一編一編が独立した一冊の本だった。このような「ばらばらな聖書」をその後三年足らずのうちに旧約から二十三編、世に送り出す。

ところがここで、旧約聖書も未完のまま、スカルィナはなぜか突然プラハを去る。そして今度は彼の故郷に近いヴィリノ（今日のリトアニア共和国の首都ヴィリニュス）に移り、ここで仕事を続ける。

フランツィスク・スカルィナ像。

ここで彼は新約聖書の翻訳・出版に取り組む。今度のシリーズはサイズも改めて美しい装幀を施した。これは出資者たちの意向を汲んでのことだろう。モスクワの市場を見込んでのことだろう。ルネサンス期の文人にとってパトロンはつきものだし、お金を出してくれる人の意見も尊重せねばならない。しかし、スカルィナは営利目的のみで出版事業をやっていたわけではない。もっと高い志があったのだ。実際、営業的に見ればこの事業は失敗している。

続いて一五二二年に『旅行携帯小著』という小型本を出版する。これは詩篇をはじめとする聖書や祈禱書の抜粋にさらに暦などを付したもので、旅人などが持ち歩けるようにと考えて作られた本である。このアイディアはこれより少し前にヴェネツィアで発行された本をヒントにしている。文庫本の発想だ。

行動不明な点の多いスカルィナだが、一五二五年に『使徒行伝』を出版したのを最後に、彼は出版事業を突然やめてしまう。その後の彼の人生はプライベートなことも含めていろいろと不幸が続き、心配事が絶えなかったようである。とにかく一時はあれだけ熱中した聖書の翻訳だったが、再び戻ってくることはなく、一五五二年頃にその生涯を閉じる。この没年に関してもはっきりとはしていない。

さて、スカルィナの聖書はどんなことばが使われているのだろうか。

彼の聖書翻訳は「素朴な普通の人びと」の啓蒙を目的としていた。つまり誰にでも分かるようなことばを目指していたのである。

まず、翻訳に際しては『ヴェネツィア版チェコ語聖書』（一五〇六年）や『ゲンナージイ聖書』（一四九九年）などの教会スラヴ語訳の聖書を参考にしている。この他、伝統的なヘブライ語、ギリシア語、ラテン語の聖書も幅広く目を通したらしいが、こういう難しいものの影響が強すぎるとスカルィナの目指した「素朴な普通の人びと」には手の届かないものになってしまうので、極力避けるようにしている。その結果として出来上がったこの聖書の言語は当時のベラルーシ語の影響を受け、また不足する語彙はチェコ語やポーランド語といった他のスラヴ諸語から借用して補っている傾向がある。

スカルィナの聖書を特徴づけるのは「まえがき」のことばである。この「まえがき」にはそれぞれの作品の概要を説明し、またことばを表面的に捉えるのではなくその深い意義もよく理解するように、というお説教が付く。さらに「あとがき」もあるが、ここには結びのことばや献辞などが記される。こういうところの言語はベラルーシ語的な要素が強い。

また、スカルィナの聖書には随所に注釈が見られる。キリスト教の正しい教えを伝えるために聖書注解は重要視されていた。ここに辞書や文法書の原点があり、スカルィナはイワン・フョードロフや文法学者メレーチイ・スモトリツキーにまで影響を与えたと考える研究者もいる。

ベラルーシ人にとってスカルィナは民族の誇りであり、人気が高い。「スカルィナ学」といえばベラルーシ文献学の中で大きな位置を占めている。ミンスクでは彼の切手や絵葉書、中にはマグカップまで売っていて、「スカルィナ・グッズ」は充実している。広い東スラヴ世界の出版事業が自分たちの国から始まった、というのが自慢なのである。実際に仕事をしたのはプラハやヴィリニュスじゃないかとも思うが、彼らにとってそんなことはあまり関係ないらしい。

かつてわたしがミンスクのベラルーシ国立大学で、ベラルーシ語セミナーに参加していたときの話である。みんなでハレールカ（ロシア風にいえばウォッカ）を飲みながら教師も学生もワイワイとおしゃべりをしていると、その中の一人のベラルーシ人がこんなことを言い出した。

「いいかい、ロシア、ロシアというけれど、あんなところは古代ルーシ伝統から離れたところじゃないか。本当のルーシと言えるのはいまのウクライナのことさ。ロシアなんて、あれはモスコーヴィヤ（モスクワ公国）に過ぎないんだ」

「じゃあ、ベラルーシはどうなのさ」
「うん、俺たちのベラルーシこそが、実はリトアニアなのだ」
「えっ、ちょっと待ってよ。リトアニアって言えばバルト系の民族が住んでいるところじゃないの？」
「確かに今では異民族が住んでいるかも知れない。だがベラルーシの心の故郷といえばやはりヴィリニュスなんだよ。ベラルーシの歴史にとって、リトアニアは重要な舞台だし、ヴィリニュスこそは、われわれベラルーシのもう一つの首都なのさ」

酒を酌み交わしながらの雑談であり、いまここでこの話をまじめに取り上げてその真偽のほどを論じようとは思わない。ただ、こんな意識をもっているということがとても興味深く思われた（しかし、リトアニア人が聞いたら怒るだろうなあ）。

とにかく、ベラルーシ人にとって「国語創設の父」と慕われているのはこのフランツィスク・スカルィナなのである。

ところが、一八三〇年代から四〇年代にかけてベラルーシ語を復活させようという運動が活発になったとき、この運動の中心であった民族学者たちは新しいベラルーシ語の基盤を、古い文献の言語には求めず、当時の民衆の話しことばに求めたのである。つまりスカルィナ以来の文章語伝統と現代ベラルーシ語は、断絶されているわけだ。スカルィナを国語の父とするのは、ヴィリニュスを故郷とするのと同様、ベラルーシ人のノスタルジーなのである。

木の皮に書かれたメッセージ

旧ソ連時代、外国人専用の国営商店《ベリョースカ》というのがあった。観光客はだいたいここでお買い物をした。ソ連にあるのにソ連のお金は使えない、外貨のみの店で、当然ソヴィエト市民はお断りという、妙な空間だった。

ベリョースカというのは「白樺」という意味である。白樺はなぜかロシアをイメージさせる木だ。確かにロシアの白樺林は美しい。ただ美しいだけではない。木材として使えるし、蜜を取ってジュースを作ることだって出来る。白樺ジュースはほんのりと甘くてなんとも言えないおいしさなのだが、そういえば最近ロシアでもあまり見かけなくなった。

さて、古い時代のロシアではこの白樺の皮を剥いで、紙の代わりに使っていた。本当に便利な木である。一九五一年、ノヴゴロドという歴史ある町で、文字が刻みこまれた白樺の皮が見つかった。以来、今日に至るまで発掘作業が続けられている。これを白樺文書《もんじょ》という。

白樺に限らず、木の皮を紙の代わりに使うのは、ユーラシアや北米などにもある習慣で、珍しいものではない。しかしふつうはインクや木炭で書かれている。だがこの白樺文書はほとんどすべてが、先の鋭い筆記用具で引っかくようにして文字を記しているところが特徴的だ。

この白樺文書はノヴゴロドの他にも、スターラヤ・ルッサ、スモレンスク、プスコフなど、いろいろな場所で見つかっている。モスクワでも一つ発掘されている。しかしその数はなんといってもノヴゴロドが圧倒的に多い。一九九四年の段階でも、すでに七五〇以上の文書が見つかっている。白樺文書といえばノヴゴロドというぐらい有名だ。

なぜノヴゴロドなのか。古い白樺の皮が保存されたことについては、ここの土壌が影響してくる。しかしそればかりではない。これだけたくさんの文書が残っているところを見ると、当時のノヴゴロド市民はそうとうな読み書き能力があったと思われる。

この白樺文書は十一世紀に書かれたものだ。こういうのは年輪年代学という学問の手法によって分かるのである。これによって二〇〜四〇年ぐらいの誤差で年代が判定できる。まったくすごい。

羊皮紙に書かれた文書と比べると、白樺文書の用途は実にさまざまだ。ふつう、羊皮紙を使って書く文書は、宗教や政治関係の重要な内容ものが多い。だが白樺文書のほうはもっと日常的だ。まず手紙。家族や友人に宛てられたものから、商売のための連絡用に、たとえば何かを急いで送ってくれとか、仕事を手伝いに来てほしいなどといった内容が書かれているものがある。それから個人用のメモ。そう、この白樺の皮がメモ用紙感覚で使われていたようだ。羊皮紙に比べても値段がずっと安い。中には羊皮紙に書く前に、この白樺の皮で下書きをしたものさえ発見されている。

もちろん、発掘される文書がいつでも完全は形というわけではない。しかし中には保存状態がかなりよいものもあり、そこに書かれた内容からは中世ロシアの、特にノヴゴロドの高い生活レベルが伝わってくる。古い時代、文字が書けるのは宗教関係者や一部の写字生だけという地域も多かったはずだ。しかしここノヴゴロドでは一般市民が、しかも女性までもが読み書きできたのである。こういうことが分かったのも白樺文書が発見されたおかげだ。歴史家にとってはたいへん貴重な史料なわけである。

白樺文書は言語学者にとっても興味深い。宗教文献や公式文書は教会スラヴ語の要素が強いのに対し、この覚え書き風の白樺文書には当時の話しことばや方言的な特徴が現れる。特に書き間違いを丁寧に分析していけば、いろいろなことが分かってくる。人の間違いに興味を示すのだから、どうも、言語学者というものは性格が悪い。

もちろん、羊皮紙に書かれた公式文書にも書き間違いがあり、そこからも当時の言語についていろいろなことが分かる。しかし、こういうきちんとしたものは書くときには気をつけるし、宗教関係者だったらそもそも聖書ぐらいは暗唱しているから、そういうものの引用だったら間違いが少ない。ところが日常のメモだったら気軽だし、またふだん発音しているとおりに書いてしまうものだ。白樺文書が発掘された当初は、その言語的特徴もいままでの成果を裏付けるだけのもので、そんなに新しい発見があるとは思われていなかった。ところがどうして、これは言語学者にとっての貴重な資料だということが分かってきた。

例を挙げよう。ちょっと難しいかも知れないが、我慢してほしい。スラヴ諸語にはいろいろな音の交替規則があって、学習者には頭の痛いところなのだが、その中に「第二口蓋《こうがい》化」というのがある。さあ、またわけの分からない専門用語が出てきた。「第二～」なんて、ということは、第一はもちろん、もしかしたらその先も続くかも知れない……と難しく考えないでほしい。これはk〈ク〉、g

〈グ〉、x〈フ〉のあとにiやeの音が来ると、k〈ク〉はc〈ツ〉、gは〈グ〉はz〈ズ〉、x〈フ〉はs〈ス〉に原則としてそれぞれ変わるというだけのことだ。少なくともここではそう理解していれば十分である。kについて言えば、現代ブルガリア語の場合、「授業」という意味のурок〈ウローク〉が複雑になるとиと結びついてуроци〈ウローツィ〉となる。

こういう音交替は多くのスラヴ諸語にある。中世ロシア語にもあった。しかし現代ロシア語では失われている。урок〈ウローク〉が複数形になってもуроки〈ウローキ〉であり、кはкのままだ。

白樺文書には、この音交替の起こらない例が数多く見られる。これはノヴゴロド方言の特徴だと思われる。ところが時代が下るとノヴゴロドでもこの「第二口蓋化」を受け入れ、中世ロシアで発音は統一されてくるのだ。そしてまた後に再び「第二口蓋化」を失うのだからややこしい。とにかく、この時代の他の文書では見られないような音交替があるので、白樺文書はとても興味深いのである。

さて、手紙やメモの他にも、白樺文書には面白いものが発見されている。文字の書き方練習をした、お勉強の跡である。「アイウエオの本」のところで紹介したように、練習に当たっては文字一つ一つの他に、音節ごとに書いているものもある。また白樺の皮にラクガキや、クラスメートをからかうようなことを書いたものまで見つかっている。喧嘩の原因となったことだろう。もしかしたら授業中にこっそりまわしたりもしたのかも知れない(と想像するけれど、学問研究ではそういうことは報告されてない)。

白樺の皮は書いた端から捨てていくようなメモ用紙だった。読んでしまえば後はポイだったのである。中には書いたあとで籠の底に貼ったりもしたこともあった。有効利用である。そういえば日本でも手習いの紙を貼り雑ぜに使ったりもしている。

ノヴゴロド白樺文書の例。オンフィーム君の力作(?)。

このように白樺文書からは当時のノヴゴロドの生活がいきいきと伝わってくる。人間のやることはいまも昔もあまり変わらない、と感じさせるところがちょっぴり嬉しい。特に子供のお勉強に使ったのが面白い。中にはその子供の名前まで分かっているものがある。オンフィームという名前だ。このオンフィーム君、何百年も後になって自分の手習いが発見されたと知ったら、どんな気持ちだろうか?

ずいぶん以前のことだが、昭和期のある作家の回顧展を見にいった。そこでは生原稿の他にも、作家の小学校時代の成績表から、戦災による焼け出された証明書まで、ありとあらゆるものが展示されていた。ナイーブな作風で知られ、最後には自殺をしてしまった作家である。こんなにいろいろと展示されたのでは、もう一度自殺したくもなろう。オンフィーム君だって嬉しくはあるまい。少なくともわたしは、特に昔の答案用紙などは生前にきちんと処分しておこうと思った。

「古代ロシア語講読」の頃

わたしが大学のロシア語学科三年生のとき、「古代ロシア語購読」という授業をとった。言語に広く興味のあったわたしは、その歴史も知りたいと思っていた。

ところが授業に行ってみたらずいぶんと人数が少なかった。あとで分かったのだが、同じ時間帯に「ソ連経済論」の講義があったそうだ。卒業後にロシア語を生かしつつ、まともに生きていこうと思ったら、どちらが重要か？　答えは決まっている。わたしはこの頃からだんだんと独自路線の人生を歩み出していた。

「古代ロシア語」というが、実際には十一世紀から十七世紀までの言語を対象とする。古代ということばのイメージとは時代がずれる気もするが、ロシア語でдревнерусский языкというので、こういう訳になる。древне-とは「古代の、古期の」という意味だから、「古ロシア語」といってもいいんだけども、この音だと「古ロシア語」＝「コロシヤゴ」＝「殺し屋語」となってしまって具合が悪い。わたしは実をとって「中世ロシア語」と言っている。内容は同じだ。

火曜日の午後一つめの授業、先生はまずプリントで中世ロシア語の文法変化表を配る。そして現代ロシア語との違いを解説していく。見たことない文字があったり、思わぬ音変化をしてたりで、びっくりする。動詞も複雑な時制体系で難しい。これが一通り終わると、今度はこの文法知識を頼りに中世文学を少しずつ読んでいく。

現代に伝わる中世の言語は、なにも文学作品ばかりではない。書簡や事務書類も存在する。でも授業では中世文学の中から有名なものを講読していくのがふつうである。

ロシアの中世文学は、現代的な意味での文学とはずいぶん違う。まず、そのジャンル。分かりやすくいえば、宗教、戦争、旅行が三大テーマである。宗教とはもちろんキリスト教の中でも正教のことで、キリストの教えとか偉い僧侶のお話なんかが中心だ。こういうものはギリシア以来の伝統的パターンに従って書かれるので、オリジナリティーはあまり期待できない。戦争とはまあ戦国武将の武勇伝で、どこの国でもあるだろう。旅行は巡礼記が多く、その中に各地で見聞した珍しい話がちりばめてある。もっとも文学史ではこういう分け方はしないが。

実際にどんなものを読んでいくのか。ロシアで一番古い写本は『オストロミール福音書』という。どうして一番古いと分かるかといえば、この本のあとがきに一〇五六～一〇五七年に書き写したと年代が明記してあるからだ。そういう写本は珍しい。福音書とはいうもののこれはマタイ、マルコ、ルカ、ヨハネの四福音書ではなくて、教会の暦に従って並べられた、儀式用の抜粋集である。一般の信者が聴いていて飽きないように、「盛り上がる」ところだけを集めてまとめたものだ。こういうのをアプラコスという。当時のノヴゴロドの市長にオストロミールという人がいて、この本は彼のためにキエフで書き写されたのである。ソヴィエト時代にファクシミリ版が出版されたが、日本円で二〇万円はする豪華な本で、学生時代はとても買えなかった。いまでも個人では買えないので文部省のお金で買った。しかしこういうものは、（特徴的な言語で書かれたあとがきを除けば）ふつう授業では読まない。

中世文学でもっとも有名なのは『イーゴリ遠征物語』という。これは岩波文庫にも入っている。一一八五年に南ロシアの小都市ノヴゴロド・セーヴェルスキーの侯イーゴリが、親戚三人とともに遊牧民族ポーロヴェッツに対して出陣し、一度は勝ったものの、すぐにボコボコにやられて捕虜となり、一年後に逃げ出してくるという情けない物語である。しかし『平家物語』もそうだが、負け戦のほうが美しい物語になる。また文体の美しさや物語の構造など、紋切り型のパターンが多い中世文学の中では抜きん出て優れた作品である。とはいえ繰り返しになるが、現代的な感覚で読んでもあまり面白くないだろう。

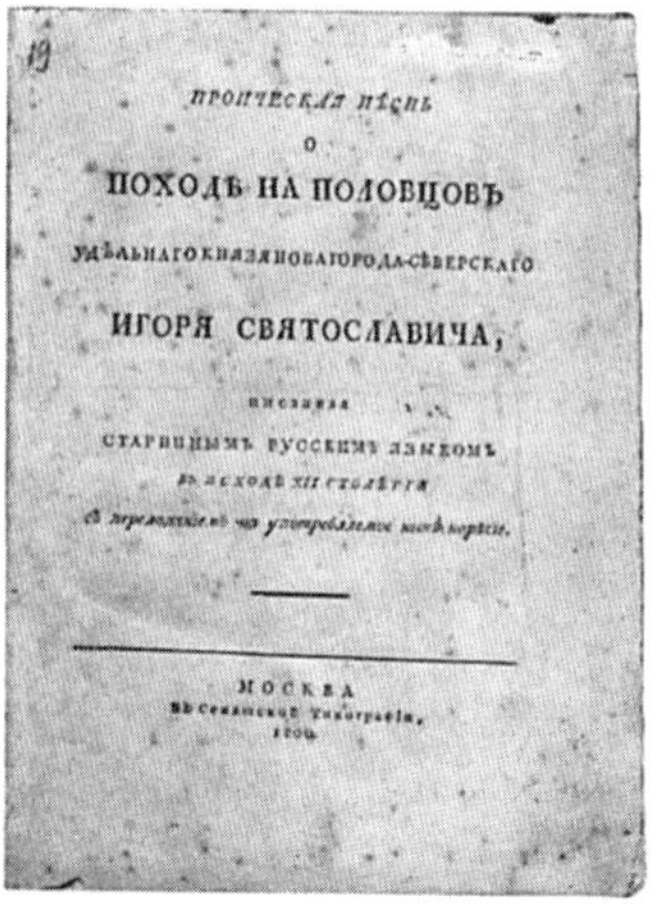

『イーゴリ遠征物語』1800年。

この『イーゴリ遠征物語』の写本発見には興味深いエピソードがある。一七九〇年代のはじめごろ、有名な古美術収集家のムーシン・プーシキンという人が、自分の部下に古文書の束を買い取らせた。ヤロスラーヴリという町で廃止になった修道院から出たものだった。その束の中にこの『物語』が含まれていたのである。一八〇〇年、この古美術収集家は古文書学者二人の協力を得て、この『物語』のテクストに訳と注を付けて出版をした。その他にもこれとは別に、エカテリーナ二世に献上するため、コピーが作られた。

その後がドラマティックだ。一八一二年、当時のフランス皇帝ナポレオンはロシアに遠征してくる。このときモスクワは大火事に見舞われる。トルストイの『戦争と平和』にも出てくる、有名な話だ。そしてこの大火事により、『物語』のオリジナル写本はなんと焼失してしまったのである。残ったのは出版したものと、女帝への献上用コピー。ところが比べてみれば、この二つのテクストはだいぶずれている。さらに、どう考えてもどちらのテクストも揃って読み間違えて写したと思われる箇所があり、意味がよく分からなくなっている。だからこの『物語』の研究は、焼失したテクストを復元することを目指すという、ミステリーよりも面白いものになってしまったのである。一時は贋作では、という声もあったが、いまではその疑いもまずなくなった。

たとえば「古代ロシア語講読」の授業ではこういうものをゆっくりと読んでいく。『イーゴリ遠征物語』の場合、オリジナルの写本は焼失してしまっているから、古い写本とニラメッコする必要はない。学者が分析して分かち書きをし、活字に組んで注釈を付けた校訂テクストなるものを読んでいく。ものによっては他の写本との違いを細かく分類したり、虫が食ってて読めなくなっている部分を補ったりすることもあるが、このテクストについては先ほどのような理由により、出版したものと献上用コピーの比較となる。

また『過ぎし歳月の物語』（またの名を『原初年代記』）も有名な作品である。これは歴史書だが、同時に文学性も高い作品だ。オリジナルは十二世紀の十年代にキエフで編纂されたのだが、それ自体は伝わっていない。現在あるのはこのオリジナルを写した写本である。もっとも古い写本は、一三三七年にスーズダリという町で修道士ラヴレンチイが書いたもので、『ラヴレンチイ版』と呼ばれる。

この他にも十五世紀の二十年代にプスコフで書き写されたものがあり、コストロマという町のイパーチイ修道院に所蔵されていたので『イパーチイ版』と呼ばれている。どちらの版も長い年月にわたる歴史物語なので、全部は読めない。いくつか有名なところを拾い読みする。

本格的に研究をしようと思ったら、実際に写本を目の前にして自分で校訂テクストを作っていかなければならない。そのためには古文書学や歴史学、年代測定学などの知識が必要だ。しかし大学の授業ではまさかそこまでやれない。それどころか、きちんと活字印刷された校訂テクストを正しく読んでいくだけでも、たいへんなのである。

ロシアの古い言語を学ぶためにはいろいろな知識が必要である。

ロシア語の歴史に関する本には二種類の題名がある。一つは「ロシア語歴史文法」Историческая грамматика русского языкаといい、もう一つは「ロシア語史」История русского языкаという。このうち「ロシア語歴史文法」というのは古典文法のことで、音声、形態論、統語論、さらには形態論だったら名詞、形容詞、動詞というように分類して、文法の形が解説してある。学生だとそれをすべて読むのは無理なので、変化表のところに付箋紙を貼って、参照しやすいようにしておく。これに対して「ロシア語史」はまさにロシア語の歴史で、十一世紀から始まるロシア語文献の特徴や歴史の流れが書かれている。名称はよく似ているが混同してはいけない。もっとも中にはただ「中世ロシア語」というような題名のものもあるので、その場合には中を確かめなければ分からない。

こういう「ロシア語歴史文法」や「ロシア語史」には、いわゆる名著といわれるものが何冊か決まっていて、中世の文献学を志すのなら一通りは目を通さなければならない。とはいえ、これも大学三年生には無理だ。出来ることは変化表を眺めながら、テクストに出てくる語の文法的形態を確かめていくこと。これがまずは基本である。

わたしが大学三年生だったあの年度は「古代ロシア語講読」のあとに、「聖書ギリシア語」の授業があって、ここでも福音書の一部を、文法を気にしながらせっせと読んでいた。ふだんは実学中心の外国語学部時代だったが、火曜日はあの頃のわたしにとって限りなく「フィロロジックな午後」で嬉しかった。

古代スラヴ語入門

古代スラヴ語は文献の言語、つまり書かれたことばである。昔もいまも、この言語を勉強するということは、古文書が読めるようになることを目指すのである。作文したり、ましてや会話をしたりする必要はまったくない。「古代スラヴ語会話集」というものは存在しない。

古典語は「死語」だから、読むだけに決まっているじゃないか、と思うかもしれない。ところがどうして、たとえばラテン語は、ヴァチカンに暮らすカトリックの僧侶たちがいまでも会話に使うらしい。インドの古典語サンスクリットはラジオ放送があり、新聞や雑誌が発行されている。東京外国語大学語学研究所編『世界の言語ガイドブック2（アジア・アフリカ地域）』（三省堂、一九九八年）のサンスクリット語の項によると、一九八一年の国勢調査では、日頃家庭で用いることばとしてサンスクリット語を挙げた人が二、九四六人いたそうだ。いったいどうなっているんだろう？　しかし、スラヴのどんな地域でも、古代スラヴ語を家庭で用いている人はいない（はずである）。

「古代〜語」というのは、他にもたとえば「古代ギリシア語」とか、「古代ペルシア語」とか、いろいろある。名前が示すようにどれも古い時代の言語だ。もっとも、同じように「古代」とつけるからといって、みな同じ時代に使われていたわけではない。

古代スラヴ語はいつの時代の言語なのか。これはわりとはっきりしている。すなわち九世紀後半から十一世紀末の言語である。なぜはっきりしているのか。そういうふうに決めたからである。つまり九世紀後半から十一世紀末に書かれた文献の言語を古代スラヴ語とする、と規定したのである。話が逆だ。

なぜ九世紀後半かと言うと、この頃にスラヴの地で文字が考案されたのである。もっとも、実際に残っている文献は十世紀のものさえ少なく、ほとんどは十一世紀のものだ。そして十一世紀末までとするのは、どこかで区切りをつけなきゃならないからで、かなり人為的なものである。どこかで境界線を引かなければならないということだ。十二世紀以降になると、現存する文献の数も増えてくる。

ではこの古代スラヴ語で書かれた古文書には、どんなことが書いてあるのか。その内容は聖書や聖者伝、典礼書などキリスト教関係のものがほとんどで、しかも大部分がギリシア語からの翻訳である。だから古代スラヴ語が読めるようになっても、血沸き肉躍る物語が楽しめるわけではない。この点は古代ギリシア語などと違う。

この言語で書かれたものはキリスト教会関係の文献がほとんどなので、じゃあはっきり「教会」と名乗ろう、ということで、「古代教会スラヴ語」と呼ぶこともある。この名称は古代スラヴ語とほとんど同じ意味で使っているが、実は微妙な違いもある。

この九世紀後半から十一世紀末までのスラヴ語で書かれた文献の言語は、みな同じというわけではない。この頃のスラヴ語の言語は、いまよりさらにお互い近くて、特に書きことばのレベルだと、どの地域で書かれたものでもそれぞれ理解できた。あるいは理解できなくても気にしなかった。だが、微妙な差は当然だが存在する。そもそもスラヴ語世界初の文字が作られたのは、ギリシアのテッサロニケあたりだし、その他マケドニア、ブルガリア、ボヘミア、モラヴィアなどで書かれたものは、それぞれ方言的特徴が出ている。このうちどこまでを古代スラヴ語と認め、どこからは「地方版」とするか。ここで学者の意見が分かれる。

ドイツの研究者はマケドニアとブルガリアの方言だけが純粋である、とずいぶん狭く限定する。ドイツ人らしい。この派閥、じゃなくて学派の人は「古代教会スラヴ語」という名称を使う。ドイツ語ではAltkirchenslawischとなってとても長い。英語でもOld Church Slavicという。ポーランド語でいえばstarocerkiewnoslowiańskiである。とはいえ、イギリスやポーランドが「親ドイツ」的立場をとっているというわけでもないが。

それに比べ、もう少し幅広くとらえて、ボヘミアなどの写本も入れましょうよ、と考えるグループがある。これはロシアやチェコの研究者で、この人たちは「古代スラヴ語」と言っている。ロシア語では、старославянский язык、チェコ語ではstaroslověnský jazykという。フランス語でもle vieux slaveだ。

つまり、「古代教会スラヴ語」と「古代スラヴ語」の違いは、どの文献を認めるか、または含まないか、という点なのである。もっともそれぞれの国でも研究者によって、その主張はさらに異なることもある。

ブルガリアでは、自分の国の古典語なんだ、という意識が強く、「古代ブルガリア語」と言っている。まあ、それはそうかもしれない。こういう主張はときどきある。文学史でも、たとえばウクライナでは『イーゴリ遠征物語』を「中世ウクライナ文学」（！）の中に位置づけたりする。でもこのような意見は国際的に認められるわけがなく、この「古代ブルガリア語」も、いまではふつう使われなくなった。

「古代スラヴ語」にはどのような文献があるのか？　古代ギリシア語やラテン語の文献から想像すると、ものすごく多量にあるんじゃないかと想像するかも知れない。しかし実際には、九世紀後半から十一世紀末までのスラヴ語で書かれた文献は、数えるほどしかないので拍子抜けする。偉い学者の中には全文献を何回も読んだり、さらには語彙をカードにとったりした人もいる。

それでは古代スラヴ語の文献のうち、主なものを眺めていこう。面白いものではない。ただ、列挙してしまえるほど限られた数の文献の言語が、「古代スラヴ語」だということを紹介したいのである。文献には◯で囲った数字で通し番号をつけた。古い写本のページ数は一葉、二葉（「よう」と読む）と数える（裏表で一葉である。両面とも書かれていることが多いが、片面だけということもある）。それぞれの最後にあげた地名は、その文献が作成された場所を示す。

①ゾグラフォス四福音書。三〇四葉。十世紀末〜十一世紀初頭。マケドニア。
②マリア四福音書。一七一葉。十一世紀。マケドニア。
③アッセマーニ福音書アプラコス。一五八葉。十一世紀。マケドニア。
④サヴァの書（アプラコス）。一二九葉。十一世紀。ブルガリア。

福音書とは、新約聖書に収められている、マタイ、マルコ、ルカ、ヨハネという四人の弟子が語ったキリストの物語で、古代スラヴ語の文献にも数多く残っている。またこの福音書を、教会の暦に従って典礼用に並べた抜粋集のことを、アプラコスというのは先に述べたとおりだ。

⑤シナイ詩篇。一七七葉。十一世紀。マケドニア。
詩篇は旧約聖書の一部で、神を称える歌を集めたもの。

⑥エニナ使徒行伝（アプラコス）。三九葉。十一世紀。ブルガリア。
使徒行伝は、新約聖書の一部。キリストの弟子である使途たちの行状と書簡をまとめたもの。

⑦シナイ祈祷書。⑦と合わせて一〇九葉。十一世紀。マケドニア。

⑧シナイ典礼書。およびの

⑨スプラシル写本（月別聖者伝集成のうち三月の分）。二八五葉。十一世紀中頃。ブルガリア。

⑩クローツ文書（説教集）。一四葉。十一世紀。クロアチア。

文献の名前の由来はさまざまで、発見された場所や修道院の名称、写本の所有者の名前などから付けられている。現在こういう写本は世界のさまざまな所に保管されている。一冊の文献がまとまっているとも限らず、たとえば⑨の『スプラシル写本』は、全二八五葉のうち、一五一葉はワルシャワ、一一八葉はリュブリャーナ、一六葉はペテルブルグというように、バラバラである。

これ以外はどれも短い断片ばかりである。『古代スラヴ語辞典』（十〜十一世紀の文献による、モスクワ、一九九四年）では、この他に八つのごく短い文献を挙げ、全部で十八を「古代スラヴ語」の文献としている。

短い文献のうち興味深いものをいくつか紹介しよう。

『キエフ断片』とは、たった七葉の羊皮紙に書かれた短い断片だが、古代スラヴ語文献の中でも最古のもので、九世紀末から十世紀頃に作られた。その内容はラテン語から訳されたローマ式ミサ典礼書の断片で、他の文献がギリシア語からの翻訳が多い中で珍しい。しかも言語的特徴から見て、ボヘミアで成立したと考えられるので、マケドニアとブルガリアが主流の中、これも異色だ。

さらにミステリアスなのが『ボヤナ福音書アプラコス』である。これは十二世紀～十三世紀に書かれた文書に下から（!）現れた文献なのだ。つまり、十一世紀に『ボヤナ福音書アプラコス』が書かれて、そのあと十二世紀～十三世紀になって、その上に新しく文章を書いてしまったのである。こういうものをパリンプセストと言う。昔は羊皮紙などが貴重だったので、古い「いらない」文書の上にさらに新しいテクストを書いてしまうようなことがあったのだ。しかし、それを復元できる技術もすごい。この他に『ゾグラフォス・パリンプセスト』という文献も、その名のとおりパリンプセストである。

現代英国作家マイケル・ボンドの有名な児童文学『くまのパディントン』は日本でもファンが多いと思う。その中の「パディントンと名画」という話で、主人公パディントンが仲良しの雑貨屋グルーバーさんから「世の中見かけどおりにゃいかない」という話を聞く。グルーバーさんはある絵画についてのエピソードを話してくれた。「この絵はね、わしが、もうずっとずうっと前、五シリング出して買ったものなんだ。そんときゃ、ただの帆前船の絵だと思ってたんだがね。それがどうだい？こないだわしがこいつをそうじしようと思ったら、絵の具がポロポロはげてきたんだ。そして、その下に、なんともう一枚絵があるってことがわかったんだよ」（松岡享子訳、福音館書店、一一五ページ）。昔、画家がお金がなくてカンバスが買えなくなると、古い絵の上にもう一度別の絵を描くことがあったという。ときには塗りつぶされた下の絵のほうが価値のあることもある。この話にすっかり感心したパディントンは、家に帰って客間にある湖の絵に絵の具落としの薬品をもって……あとは是非、ご自分で読んでください。とにかくわたしは、パリンプセストのことを聞いてすぐにこの話を思い出した。

また紙に書かれたものばかりではなく、サムイル碑文のように墓石の上に刻まれたテクストも古代スラヴ語に含めることがある。このような記念碑は年代がはっきりしていることが多いので（サムイル碑文は九九三年）、貴重である。

古代スラヴ語はこのように文献がたいへん限られており、しかもその研究には長い伝統がある。ドイツやチェコの学者が、もう徹底的にやり尽くした分野なのだ。したがってこのテーマで新しい研究をするのはとても難しい。期待するのは、どこか修道院の壁の中から新しい写本が発見されるか、パディントンのようにパリンプセストでも探すしかない（もっともこんなアジアの果てに住んでいたら、そんなチャンスもまずないだろう）。

しかし、新発見の可能性は低いにせよ、この「古代スラヴ語」はスラヴ文献学を学ぶためには避けて通ることの出来ない、重要な学問なのである。それはこの言語が、スラヴ諸語がまだ一つだった頃の言語、つまり「スラヴ祖語」にもっとも近いからだ。確かに「古代スラヴ語」は時代的にも九〜十一世紀、地域的にもマケドニア・ブルガリアなどと限定されており、「スラヴ祖語」と完全に一致するわけではない。でも、文字が成立してから間もない頃、つまり文献が残っている範囲でもっとも古いこの言語は、スラヴ諸語の歴史を研究する上で重要なのだ。

「古代スラヴ語」を勉強しようと思ったら、木村彰一『古代教会スラブ語入門』（白水社、一九九〇年）という教科書を必ず手に入れること。少々高価な本だからと言って、コピーして済ませようとなどという不届きなことを考える輩は、文献学をやる資格がない。そして文字と発音の項に目を通し、形態論を参照しながら、後ろにあるテクストをゆっくりと正確に読んでいくのである。意味を追う必要はない。福音書や詩篇だったら、聖書の日本語訳を見ればよいのだ。それよりも一語も疎かにすることなく、名詞だったら性・数・格、動詞だったら時制や人称・数などを確認していく。修道士のような地味で黙々とした作業である。こうしてあわてずに、読み進めていくのが、古典語の勉強法なのだ。

それ以上のレベルになったら、今度はドイツ、フランス、チェコ、ロシアなどで出版された「名著」といわれる古代スラヴ語文法書を参照する。実はこの「名著」に関する知識も、古代スラヴ語文献そのものに関する知識と同じくらい大切なのである。

あるときアメリカのスラヴ語研究者に会った。古代スラヴ語を勉強しました。と言ったら、この穏やかな初老の学者は、「どの教科書を使いましたか」と尋ねてきた。

「ええと、日本で出ているキムラという人の教科書で勉強しました」

「ほほう、あなたのお国の教科書ですね。それでは他には何を読まれました?」

「ヴィイアンの文法書を参照しました」(ごく一部だけど)

「フランス語のものですね。ドイツ語でしたら?」

「ディールスやレスキーンですね。もっともたまにしか利用しませんでしたが」(それもどうにも困ったときだけ)

「あとは?」

「クルツは部分的ですが、精読しました」(これはホント、三分の一は読んだと思う)

「チェコ語が読めるのですか。けっこうですね。ロシア語では?」

「ハブルガーエフが面白いと思います」(序論しか読んでいないけれど)

「他には?」

「英語だとラントですね。格の用法について興味深い分析があります」(他にないから重宝したってい

うのが本当）

ここに出てくるカタカナ名前はすべて古代スラヴ語文法書の著者であり、みな世界的に有名なスラヴ語学者である。知らない人にとっては、ほとんど宇宙人の会話で、わたしもたとえばコンピューター関係の会話などを耳にすると、これが同じ日本語か、と絶望する。このアメリカの先生は、古代スラヴ語の教科書に関する知識を問うたわけで、少なくともそういうものを知っているかと、尋ねたのである。不勉強者のわたしは全部をきちんと読んだわけではないが（フランス語を読むのも楽ではないが、ドイツ語なんてさらにきつい）、先方は一応知っているようだな、と辛うじて認めてくれた（実はこの会話はキエフのウクライナ語学校のクラス分け面接で交わされたものだったのだ。思わぬ方向に話は進んでテストされてしまい、とても焦った）。もっともどの分野でも必読書はあると思うし、それに関する知識も必要だろう。

もっと詳しく知りたい人は、さきほどの木村『古代教会スラブ語入門』の序論を読むといい。また、東京外国語大学語学研究所編『世界の言語ガイドブック1（ヨーロッパ・アメリカ地域）』（三省堂、一九九八年）の「古代スラヴ語」の項（八〇〜九三ページ）は、コンパクトにまとまっていて読みやすい（拙文でもずいぶん参考にした）。

このように話を進めながら、実は大切なことに触れないできた。それは古代スラヴ語がどんな文字で書かれているのか、そしてその文字はどのようにして作られたか、という問題である。古代スラヴ語の文字は一種類ではなかった。ではそれはどんなものなのか。なにせスラヴ世界で初めて使われた文字、テーマとしても大きい。このことは章を改めて詳しくお話ししたい。

第iii章 文字をめぐる物語

文学を作った兄弟の話

むかしむかし、九世紀の八六二年、バルカン半島はビザンチン帝国の話である。ある日、皇帝ミハエル三世のところに使節団が到着した。派遣したのは大モラヴィア公国のロスチスラフ公。使節団がもってきた手紙には次のように書いてあった。

「わが民は異教をすててのち、キリスト教の掟を守っているが、われらは、他の国ぐにがこれを見てわれらを見習うような、われら自身のことばでキリスト教の正しい信仰を説く教師を持たない。ゆえに、陛下よ、主教にしてかつこのような教師〔たる者〕をわれらに派遣せよ。なぜなら、良き掟はつねにあなたがたから出てすべての国ぐにに〔ひろがるからである〕」（木村彰一・岩井憲幸訳「コンスタンティノス一代記（2）」『スラヴ研究』No32, 二〇三〜二〇四ページ）

大モラヴィア公国というのは、いまの地図でいうとチェコ共和国東部のモラヴィア地方、スロヴァキア共和国西部、さらにハンガリー北部のパンノニア地方にかけて広がっていた国である。モラヴィアはキリスト教を受け入れてはいたが、カトリックで、ドイツのパッサウ司教区に組み込まれていた。

このままいけばドイツの勢力はますます強くなる。ロスチラフはお隣りにいる強大な国に対抗するため、遠くにあって安全なビザンチン帝国と付き合うことを考えた。そのためはまず宗教。ギリシア正教会の中心であるこの国は、布教のためとあらば、人材派遣のスタッフサービスもおこなう。

ミハエル三世は側近たちと会議を開き、だれを派遣したものか相談した。そして白羽の矢を立てたのがコンスタンチンとメトディーの兄弟であった。

なぜこの兄弟が選ばれたか。その選考基準として、皇帝は兄弟に次のように言ったと伝えられている。

「おまえたちふたりは、テッサロニケ人であり、テッサロニケ人はみなスラヴ人のことばをなまりなく話すからである」（木村彰一・岩井憲幸訳「メトディオス一代記」『スラヴ研究』No33, 七ページ）

テッサロニケとはいまのギリシアはサロニカのこと。ふたりはサロニカ生まれのギリシア人だった。この当時、テッサロニケにはスラヴ人が多く住み着いており、そういう環境で育った二人は、おそらくバイリンガルだったと思われる。皇帝が人選にあたって、このことに注目したことはまず間違いない。

世の中にはさまざまな兄弟が活躍しているが、子供の頃ならばともかく、大人になるとどっちが兄だか弟だが、見た目だけでは分からなくなる。コンスタンチンとメトディーについては、ここではっきりとさせておく。コンスタンチンが弟、メトディーが兄である。ではどうして弟の名前から並べるのか。それは弟のほうがメジャーに活躍したからである。

コンスタンチンは学者だった。幼い頃より優秀で、父親のコネでコンスタンチノープルに留学し、哲学と神学を勉強した。おそろしいことに二十五歳にも満たない若さで教授となり、「哲人」と呼ばれた。「鉄人」ではない。コンスタンチンの伝記には、異教徒をつぎつぎと論破していく様子が描かれている。いまどきテレビに出ている評論家よりも、はるかに論争がうまい。

さらに彼は外交官としても活躍し、アラブ人と政治折衝したり、カスピ海西岸のハザール人国で神学論争を戦わせたりしている。語学の才能にも恵まれていたことが分かる。

兄であるメトディーは役人だった。弟の優秀さに押され気味だが、彼だってただの凡人というわけではない。帝国内でもスラヴ人の多かったマケドニア地方の知事を務めた経験をもち、一〇年ほど務めてから引退して修道士になっていた。

どちらも大人物で、その伝記は兄弟の死後に弟子たちによってまとめられ、今日でも写本が伝わっている。ふたりのことがいろいろと分かっているのは、聖者伝『コンスタンティノス一代記』と『メトディオス一代記』があるおかげだ（注：ふたりの名前はギリシア語名とスラヴ語名がある。コンスタンティノス、メトディオスというのがギリシア語名で、コンスタンチン、メトディーというのがスラヴ語名だ）。

さてミハエル三世から転勤を命ぜられた兄弟は、ただちに準備にかかる。といってもパスポートを申請したり、交通手段を確保するのではない。伝記によれば『〔哲人は〕たちまち文字を作り上げ、福音書の本文を書きはじめた。『初めにことばがあった。ことばは神であった。』等々」（「コンスタンティノス一代記（2）」二〇四ページ）とある。当時、スラヴ人はまだ文字を持っていなかった。しかしキリスト教伝道には文字で書かれた文献がどうしても必要だ。だから文字を作らなければならない、というわけだ。うーん、さすがにコンスタンチンはすごい。

でもちょっと待て。いくら天才でも、「たちまち文字を作り上げ」なんてことが出来るのだろうか？　しかもコンスタンチンの作った文字がたいへん優れていることは、現在でも多くのスラヴ語学者が認めるところである。転勤の前でいろいろ忙しいだろうし、すぐさま文字を考案するというのは、どう考えても不可能だ。だからこの仕事が決まる以前から、コンスタンチンはスラヴ語の文字を作ろうとしていたのではないか。兄のメトディーも手伝ったかもしれない。そしてモラヴィア行きの決まった頃には、ある程度は出来上がっていたと考えるほうが納得できる。

しかも文字を作っただけではない。福音書（正確にはアプラコスという儀式用の抜粋集）を訳す作業もあったのだ。忙しいことこの上ない。兄弟が訳したスラヴ文章語が、当時のスラヴ世界で広く通用するものであったことについては、すでに述べた。ただふたりの出身を考えると、そのことばはテッサロニケ方言だったはずだ。それでも問題はなかった。

キリルとメトディーのイコン画。1866年。

残念ながら兄弟が訳した文書は、現在何一つ残っていないので、よくは分からない。いまに伝わる古代教会スラヴ語の文献は、コンスタンチン＆メトディー訳のコピーで、最古のものでも兄弟訳から数えて五〜六回目の写しである。そんなことまで分かってしまうのだから、文献学はすごい。

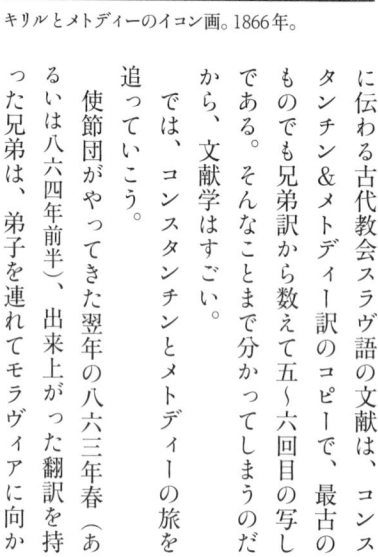

では、コンスタンチンとメトディーの旅を追っていこう。

使節団がやってきた翌年の八六三年春（あるいは八六四年前半）、出来上がった翻訳を持った兄弟は、弟子を連れてモラヴィアに向かい、秋になってやっと到着した。いまなら飛行機で数時間の距離である。彼らはここで仕事にとりかかった。ふたりの仕事は、教会文献を翻訳することと、現地での弟子の育成である。兄弟はここで四〇カ月のあいだ活動した。ヘブライ語、ギリシア語、ラテン語以外で神を称えることがなかった当時、スラヴ語でキリスト教の儀式をおこなうのは、たとえばカトリックのドイツ人から見れば非常識もいいところで、大センセーショナルなことだったと思われる。

次に八六六年末（あるいは八六七年初頭）、兄弟はローマへ行くことにした。弟子たちをローマ教会から認めてもらい、カトリックたちに異端ではないところを見せるためだ。旅の途中、パンノニアに寄った際に、地元のスロヴェニア系のスラヴ人、コツェル侯から歓迎を受けた。ここもモラヴィア同様、カトリックの管轄になっていたが、スラヴ語で典礼をおこなうほうがよいと考えていた。モラヴィア以外にも、ふたりの活動を支持する者がいたのである。

ローマでは教皇ハドリアヌス二世が温かく迎え、自らメトディーを司祭にする儀式を執りおこない、また弟子のスラヴ人三人を司祭に任命した。教皇はスラヴ世界における兄弟の影響力を考慮し、これはふたりを味方にしておいたほうがのちのち得だろうと判断したのだ。とにかくこうしてローマ教皇にも認められたことで、目的は達成された。

しかし八六九年、弟コンスタンチンは旅先のローマにて死んでしまう。享年四十二歳。死ぬ直前に哲人は剃髪して修道士となり、キリル（ギリシア語名キュリロス）という名前をもらった。天才は若死にする。

残された兄メトディーは、教皇の特使としてパンノニアに出かけたり、シルミウムというところの大司教として赴任したりするが、彼を取り巻く状況は、だんだんと悪化していった。モラヴィアではロスチスラフが失脚し、カトリックに好意的なスヴァトプルクが政権を握った。メトディーが八七〇年にモラヴィアへ赴いた際も、ドイツ人のカトリック司祭に捕まって幽閉され、教皇の強い抗議のおかげで三年半後にやっと釈放されるありさまだった。

メトディーはこの後もモラヴィアで仕事を続けるが、やりやすい環境では決してなかった。それでも熱心に翻訳を進め、秘書二人とともに旧約聖書のほとんど、さらにさまざまな教会文献をギリシア語からスラヴ語に訳したのだった。八八五年、メトディーはモラヴィアにて死去する。彼の死後、モラヴィアでのスラヴ語迫害はますますひどくなり、メトディーの弟子たちは投獄されたり、追放されたりした。結局、モラヴィアでの布教活動は失敗に終わった。現在でもこの地域はカトリック文化圏である。

モラヴィアを追放された弟子たちは、主としてブルガリア・マケドニア方面に亡命した。この地はすでに正教の勢力下にあったので、政治的にも受け入れられ、発展していくのである。現在に伝わる古代スラヴ語の文献はここで書かれたものが多いというのも、この理由からだ。

その頃スラヴ語活動の拠点は二つあった。一つはマケドニア西南部のオフリドで、メトディーの弟子のクリメントが活躍し、多くの文献を翻訳し、たくさんの弟子を養成した。もう一つは東ブルガリアのプレスラフで、ブルガリア皇帝シメオンの下で積極的な活動が見られた。ここでも多くの文献が翻訳され、その一部はセルビアやロシアへと伝わっていった。

長い長い物語である。しかもその道は辛く険しい。まあ、聖者伝とはそのようなものであるが。ここでは政治、宗教、言語の三つがいかに密接な関係かということがよく分かる。

これは単なる伝説ではない。コンスタンチン改めキリルとメトディーの兄弟が文字を作ったというのは、事実である。

ではどういう文字を作ったのか。キリルが作ったからキリル文字、これは分かりやすい。しかしそうではない。しばしば誤解されているが、現在ロシア語その他で使われている文字は、この兄弟の作ったものではない。確かに古代スラヴ語の時代から、キリル文字はあった。しかしこの時代のスラヴ語にはもう一つ、それも一見してキリル文字とまったく似てない文字があったのだ。そしてその文字こそがキリルとメトディーの作った文字だと考えられている。

この先はこの文字について話を進めていこう。

もう一つのスラヴ文字

まずは次の写本を見ていただきたい。（写真を参照）。古い文書の写真だが、よく見るとキリル文字で書かれている。字体が多少違っていたり、見たことのない文字がいくつか含まれている。でも、もしロシア語を勉強したことがあれば、いや、べつにモンゴル語でもいいんだけれど、とにかくこの文字を学んだことがあれば、じっと睨んでいくうちに少しずつ文字を拾うことができるようになるだろう。ちなみにこの頃はまだ大文字と小文字の区別はないし、語と語を離して表わす分かち書きの習慣もなかった。

ではもう一つの本はどうか（次ページの写真を参照）。こちらのほうは何だか見たこともない形が並んでいる。キノコやサクランボみたいな形も見られる。キリル文字の勉強を

『スプラシル写本』11世紀中頃。

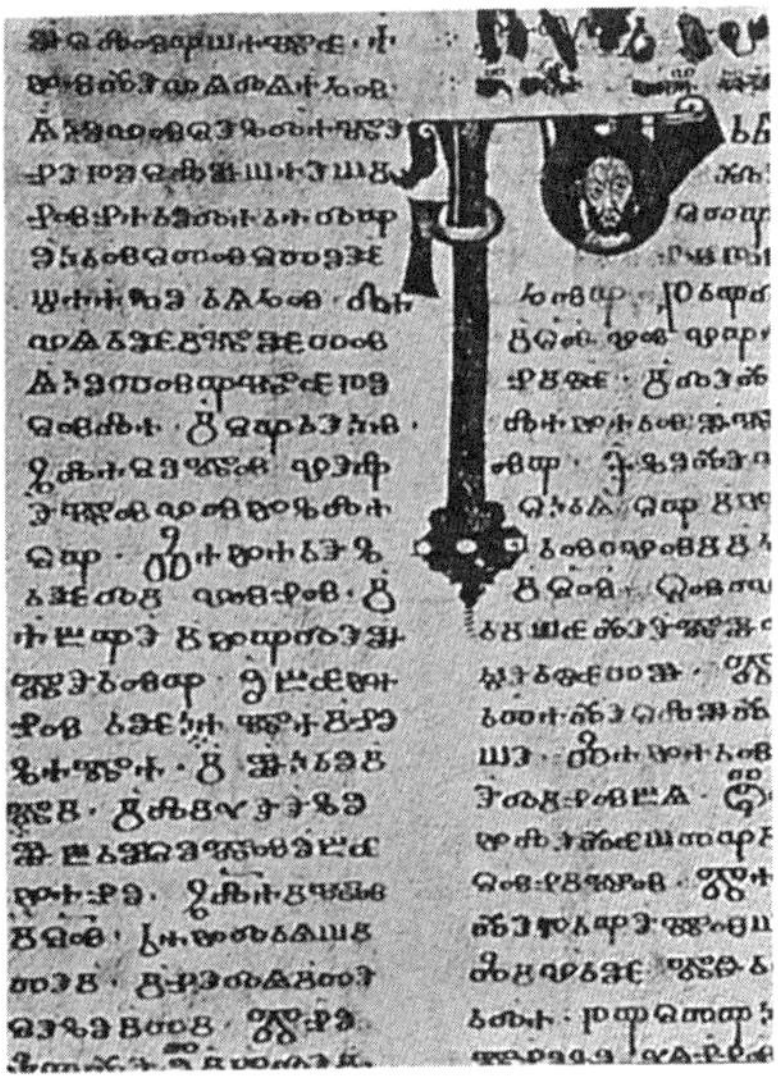

『アッセマーニ福音書』11世紀。

始めたときでも、ラテン文字（英語などで使う文字）と似たような形がいくつかあったが（ただし、発音のほうは別だが）、これはほとんどだめだ（日に似た形を見つけた人は観察が鋭い）。

この馴染みのない文字を「グラゴール文字」という。глагол〈グラゴール〉というのは古いスラヴ語で「ことば」を表わす。現代ロシア語だったら「動詞」という意味になる。

まったく似ていない二つの文書だが、実はどちらも古代スラヴ語の文献である。「古代スラヴ語入門」のところで、古代スラヴ語文献の主なものを紹介したが、その中にはキリル文字で書かれたものと、グラゴール文字で書かれたものが混ざっていたのだ。先に紹介した文献表に文字の区別を加えると、次のようになる。

①ゾグラフォス四福音書。　マケドニア。グラゴール文字。
②マリア四福音書。　マケドニア。グラゴール文字。
③アッセマーニ福音書。　マケドニア。グラゴール文字。
④サヴァの書。　ブルガリア。キリル文字。
⑤シナイ詩篇。　マケドニア。グラゴール文字。

⑥エニナ使徒行伝。　ブルガリア。キリル文字。
⑦シナイ祈禱書。　マケドニア。グラゴール文字。
⑧シナイ典礼書。　マケドニア。グラゴール文字。
⑨スプラシル写本。　ブルガリア。キリル文字。
⑩クローツ文書。　クロアチア。グラゴール文字。

この他、『キエフ断片』や『ボヤナ福音書アプラコス』もグラゴール文字の文献である。

これを見ると、グラゴール文字で書かれたのはマケドニアで、またキリル文字で書かれたのはブルガリアで、それぞれ作られた文献が多いという傾向が分かる。それ以外に、『プラハ断片』はグラゴール文字である。

このように古代スラヴ語の時代（九世紀末〜十一世紀後半）には二種類の文字があった。ではこのうちどちらかがキリルの作った文字なのか、言い換えればどちらの文字のほうが古いのだろうか。

このことは長い間にわたって、学界で議論が展開されてきた。しかし現在では、グラゴール文字のほうが古く、キリルが作ったのはこのグラゴール文字のほうである、というのが定説になっている。その根拠となる点のうち、分かりやすいものをいくつか紹介する。

1　コンスタンチンとメトディーが活躍した大モラヴィア公国やパンノニア地方では、グラゴール文字が広まっていた。のちに古代スラヴ語の翻訳作業が活発になったブルガリア東部では、キリル文字しかない。

2　グラゴール文字で書かれた文献の言語のほうが、形が古い。また現存する最古の文献である

『キエフ断片』はグラゴール文字で書かれている。

3　古い文書を削りとってその上に新たな文章を書いた羊皮紙写本、いわゆるパリンプセストのうち、グラゴール文字が下でキリル文字が上はいくつかあるが、その逆のキリル文字が下でグラゴール文字が上というのは一つも発見されていない。

その他、文字の形などから考察するものもあるが、難しいのでここでは紹介しない。

というように、グラゴール文字のほうがどうも古いようだ。その結果、キリルが作ったのはキリル文字ではなく、グラゴール文字であるということが明らかになっている。お間違えのないように。では、なんでこういうひねくれた名称になってしまったのか。まあ。嘆いてもしようがない。もっともある古文献によると、どうやらいまで言うグラゴール文字のことを、「キリル文字」と呼んだこともあったらしい。

キリル文字は九世紀の末頃、グラゴール文字よりも五〇年ほど遅れて登場したとされている。

では、この二種類の文字はどのような関係なのか、形からみればほとんど似ていない。キリル文字はギリシア文字のウンキアリス体という書体から作られたことが明らかになっている。また文字で数字を表わす方法も、ギリシア文字と同じだ。文字で数字を表わすには1〜9、10〜90、100〜900の計二十七文字が必要になる。ギリシア文字では、6、90、900の三つの文字はかつて音を示すため用いられていたが、後には使われなくなってしまったのだ。キリル文字も、6、90、900の三つのスラヴ独特の文字を使い、残りはギリシア文字と一致する文字を使っている。影響を受けているのは間違いない。

それに対してグラゴール文字のほうは、その起源をめぐってさまざまな議論がある。まず、コンスタンチンがまったく個人的に作り上げたという説。しかしすでにいくつかの文字を知っている人間が、それまでの知識に影響されず、まったく新しいものを作れるものだろうか？　また、ギリシア文字の草書体から出来たと考える研究者もいる。最近ではメスロプ・マシュトツ（三六一～四四〇）の作ったアルメニア文字との関係が注目されている。さらにエチオピアの文字の影響までが取り上げられている。あるときテレビでユネスコの世界遺産を紹介する番組を見ていたら、エチオピアの教会が紹介されていた。エチオピアは古くからキリスト教社会。教会の中のフレスコ画や古文献の中の文字が、なんだかグラゴール文字とよく似ているなあと感じたが、まさか本当に関係があるかもしれないとは驚いた。ちょっと興味が引かれる。

少なくとも、キリル文字とグラゴール文字は形の点で全然似ていない。しかしまったく無関係なのではない。たとえばアルファベットの配列は、ギリシア文字にあるものを先に並べ、スラヴ独特のものは後に置くことは共通している。何よりも文字がほとんど一対一対応になっている。もちろん完全ではない。しかしこのため、グラゴール文字をキリル文字に置き換えるのは比較的簡単だ。

大学院生のとき古代スラヴ語を熱心に勉強したのだけれど、残念ながらグラゴール文字をスイスイ読むことは未だにできない。アルファベット表を頼りに、一文字一文字を移し換えていけばなんとかなる程度だ。しかし印刷上の理由でふつうテクストはキリル文字に翻字されていて、その必要がない。だから覚えなかった。

ところが一九二五年のチェコスロヴァキアで出版されたヴォンドラーク『教会スラヴ語読本』（ブル

ノ、一九二五年）という教科書を覗いて、驚いた。ゾグラフォス四福音書などが、グラゴール文字で活字を組んであるのだ。つまり、古代スラヴ語をやるのならグラゴール文字も読めるようにしておきなさいよ、ということだ。ああ、わたしはやっぱり不勉強だった。

でもさらに驚くのは、グラゴール文字の活字があったということだ。いやいや、最近のコンピューターでも、グラゴール文字のフォントがあるらしい。いったいだれが使うのかは知らないが、とにかく世の中、いろんな人がいる。

キリルとメトディーの生涯については、それぞれの『一代記』と称する伝記があるので、それを読めば分かる。ただしその内容は聖人たちの生涯と神学論が中心であり、文字についての具体的な話がほとんど出てこない。

この『文字の物語』は、九世紀頃に修道士のフラブルという人が、スラヴの文字の起源と、スラヴ文字反対派に対する反論を書いた作品である。短い物語なので、かいつまんで紹介するよりも、いっそ全部を訳そうと思う。本来ならばきちんとした校訂テクストを手にいれ、教会スラヴ語とニラメッコしながら正しく訳さなければ、文献学的作業とはいえない。だが、校訂テクストが手に入らなかったので、現代ロシア語訳からの重訳で紹介することをお許し願いたい。わたしが利用したのは『スラヴ文字の始まりの物語』という、一九八一年にモスクワで出版された本である。ここには、『コンスタンチン一代記』『メトディー一代記』と並んで、このフラブルによる『文字の物語』の現代ロシア語訳が載っており、巻末には詳細な注がついている。その注の中でも面白そうなものを、いくつか紹介しながら訳していくので、ときどき話が途切れることになるが、どうぞご勘弁を。

「最初、スラヴ人は文字を持っていなかったので、異教徒だった頃は、線だの刻み目だのを使って、読んだり占いをしたりしていた。キリスト教の洗礼を受けてからは、ローマ文字やギリシア文字を使って、スラヴ語をめちゃくちゃに書き付けようとしていた。それにしても、どうすればギリシア文字でбог〈ボーフ〉のбや、живот〈ジヴォート〉のжや、……цркы〈ツリクィ〉のцや、чаание〈チャーアニエ〉のчや、широта〈シロタ〉のшや、……その他の語が書けるというのだ? こうして長い年月が経った」

ここに挙がった単語の最初の文字は、どれもスラヴ独特の文字で、たとえばギリシア文字などに対応するものがない。この他にもいくつか例が挙がっているが、いろいろと複雑なものは省略した。

「後に、すべてを創造し人を慈しむ神は、人類を知性のないままに放っておくことなく、あらゆる者を理性と救いへと導き、スラヴ族にも慈悲を垂れ、哲人聖コンスタンチン、修道名キリル、正しく義なる人を遣わされた。そして彼を通して三十八の文字を作った。あるものはギリシア文字に倣い、別のものはスラヴ語に合うように作りあげた。

ここで問題となるのが、フラブルの言う「スラヴの文字」というのが、キリル文字なのか、グラゴール文字なのか、という点である。素直に考えると、ギリシア文字と形の似ているキリル文字のことかと思う。しかし、これがグラゴール文字だと主張する人は、この一説を、アルファベットの並べ方はギリシア文字に倣ったが、文字自身はスラヴのオリジナルであるという意味だととらえる。実際は後者と考えるのが妥当であるとされている。

「初めの文字は、ギリシア文字と同じように始めた。ギリシアでは〈アルファ〉から始まるが、スラヴは〈アズ〉からだ。つまりどちらもAから始まるということだ。ギリシア人はヘブライ文字に倣ってアルファベットを作ったが、スラヴではギリシア文字を真似た。ヘブライ人の最初の文字は〈アレフ〉といい、これは『学ぶ人』という意味だ。子供に『勉強しなさい！』というときは、ちょうど〈アレフ！〉という音になる。ギリシア人がこれを真似て、ヘブライ語の表現をギリシア語に当てはめると、子供に『勉強しなさい！』ではなくて、『探しなさい！』となってしまう。ギリシア語の〈アルファ〉は『探しなさい！』という意味になるからだ。そして聖キリルもこれらに倣って最初の文字〈アズ〉を作った。〈アズ〉は一番目の文字で、学習者が口を開けるようにと、神からスラヴ族へもたらされたものなのだ。だから口を広く開けて、大きな声で言う。残りの文字は唇をもっと狭めて発音する。

さて、次に紹介するのがスラヴ文字で、これで読み書きをする。абвгなどなどと続く。そのうち二十四文字はギリシア文字に似ていて、十四文字はスラヴ語に合わせて作ってある。ある人たちはこんなことを言う。『どうして三十八文字なのか、もう少し少なくても書けるんじゃないか、だってギリシア人は二十四文字で書いているんだから』。そういうことを言う奴は、ギリシア人が文字をいくつ使って書いているか、知らないのである。確かにアルファベットは二十四文字かもしれない。しかしそれでは足りないので、二重母音を十一文字加え、さらに6、90、900の三つの数字にはそれぞれ記号を当てるので、合わせて三十八文字となるのだ。これに倣って聖キリルも三十八文字を作っているのだ」（どうだ、まいったか、とは書いていない）

古代ギリシア語でも、文字が数字の役割を果たしていたが、この6、90、900の三つの数だけは特別な記号を当てていた。実はどれも昔は音をもった文字だったのだが、次第に使われなくなり、数字のみに用いられるようになったものだ。

「他にもこういうことを言う人がいる。『どうしてスラヴの文字なんて必要なのだ？　神や使徒が作ったわけでもないし、この世に初めから存在する、神の意に添ったヘブライ文字、ローマ文字、ギリシア文字のように、もともとあったものでもないのに』。さらに別の人は、文字は神が自ら作ったのだと思っている。自分でも何を言っているのか分かってないのだ。しょうもない奴等だ。まるで神が、文字はこの三種類だけにしましょうとでも命じたかのようだ。福音書に『そして銘がヘブライ、ローマ、ギリシアの文字で書かれていた』とはあるが、スラヴはないので、スラヴ文字が神からのものではない、となるのだろう。

こういうバカ者どもにはどう答え、何を言ったものやら。聖なる書物から分かることを教えてやろう。すべては神から順番に生まれたのであり、いちどきにではない。初めに神が作ったのは、ヘブライ語でもラテン語でもギリシア語でもない。シリア語だ。このことばはアダムも話していたし、アダムから生まれた人びとも大洪水まで、また大洪水より後の人びとも、バビロンの塔の建設にあたってことばが分かれてしまうまで話していたのだ。聖書にちゃんと書いてある。ことばがバラバラになってしまうと、ことばとともに民族の間では風習や習慣、規則や法律、そして知識も分かれてしまった。エジプト人には農業が割り当てられた。ペルシア人にバビロニア人、アッシリア人には占星術、呪術、医術、魔術および人間のあらゆる術が、そしてヘブライ人には聖なる書物が割り当てられた。その書物には神がいかにして天と地と、その上にいるあらゆるものと、人間を創ったかが書いてある。そして順を追って、聖書にもあるように、ギリシア人には文法と修辞学と哲学を与えたのだ。

しかしそれまでは、ギリシア人も自分たちの文字はなく、フェニキア文字を使って書いていた。そして長い年月が過ぎていった。それからパラメデスがやって来て、〈アルファ〉〈ベータ〉と始めて、ギリシア人に十六文字作った。次にミレトスのカドモスが、これに三文字加えた。こうして長年の間十九文字で書いていたのだ。そしてそれからシモニデスが二文字作り、注釈者エピカルモスが三文字を作り、合わせて二十四文字になったのである。長い年月の後、文法家ディオニシオスが二重母音を六つ作り、他の者が五つ、さらに別の者があと三つの数字を作ったのだった。

こうして多くの人びとが多くの年月をかけて、やっとの思いで三十八文字にしたのである。後に多くの年月が流れ、神の命令により七〇人が選ばれ、聖書をヘブライ語からギリシア語に訳していった。スラヴのほうはコンスタンチンこと修道名キリルがたった一人で、文字も作り、書物も短時間で訳してしまったのだ。あちらさんは大人数で長年かけていた。七人が文字を作り、七〇人が翻訳した。だからスラヴ文字のほうが神聖なのだ。聖なる男が一人で作ったからである。

ギリシア文字は異教のギリシア人が作ったのと比べてみよ。

キリルの仕事は完成していない。いまだって終わってないじゃないか、ということを言う奴にも、ちゃんと答えが用意してある。ギリシア文字はなんどもなんども、アキラスやシムマコスや、その他大勢が作り上げていったのだ。修正するほうが、新しく作るよりも楽だからである。

ギリシアのインテリに尋ねてみるといい。『誰があなたたちの文字を作ったり、聖書を訳したりしたのですか？ そしてそれはいつ頃のことなんですか？』。滅多に答えられるものではない。ところがスラヴのインテリに『あなたたちの文字を作り、聖書を訳したのは誰ですか？』と尋ねれば、だれでも知っていて、こう答えてくれる。『哲人聖コンスタンチン、修道名キリルが、文字も作ったし、聖書も翻訳した。おっと、その兄のメトディーも忘れちゃいけねえ（これじゃ時代劇だ。ちょっと訳し過ぎ）。彼らに会ったという人が、まだ生きているんだから』。そしてそれはいつのことかと聞けば、それも知っているから教えてくれるだろう。ギリシア皇帝ミハエルの治世、そしてブルガリアの公ボリス、モラヴィアの公ロスチスラフ、パンノニアの候コツェルの時代で、その年は天地開闢以来六三六三年目のことである、と」

この年号を現代風に改めると八五五年。この年が何を意味するのかは長い議論があるのだが、ここでは省略する。

「別の場面ではまた別の答えがあるのだが、ちょうど時間となりました。さて同胞よ、神はこうしてスラヴ人に知性を与えてくれたのである。神に栄光と名誉あれ、永久に、いついつまでも。

アーメン」

わたしの日本語はそもそも軽薄なので、こういう古い時代のものを訳すのにはまったく向いていない。威厳がなくてすみません。それに読みやすさを考えてだいぶ大胆に訳してある。真面目な文献学者が読んだら、怒るだろうな。

フラブルとは何者なのかについては、実はよく分かってない。しかし「彼らに会ったという人が、まだ生きているんだから」とあるので、キリルとメトディーが活躍した時代から、それほどたっていない頃に書かれたんだろう。だからこの『文字の物語』は、おそらく九世紀頃にブルガリアで作られたとされている。したがって、中世ブルガリア文学の中にも位置づけられるのだ。

中世の物語はすぐに神様を引き合いに出すので、慣れていないと何だかしらけてしまう。でもこの作品は単なる宗教講話ではなく、スラヴの文字に批判的な人に対するなかなか過激な返答となっていて、興味深い。エピソードのいくつかはギリシアのものが含まれており、すべてがフラブルのオリジナルというわけではない。でも、スラヴ圏で言語の話を正面から取り上げた著作としては、おそらく最古のものではないかと思う。

さて、お楽しみいただけただろうか？

クロアチアで生き延びた文字

古代スラヴ語には、キリル文字とグラゴール文字という二つの文字があった。この二つの文字の運命は、それからどうなっていったのか？　これはご存じのようにキリル文字の圧勝であった。十二世紀以降、キリル文字はロシアを初めとする東スラヴ世界や、ブルガリアやセルビアなどで、それぞれの言語に合わせて改良されながらますます発展していくのである。

ではグラゴール文字のほうはどうか？　キリルとメトディーの死後には、すぐ滅んでしまったのか？

そんなことはない。実は意外なところでグラゴール文字は生き延びたばかりか、何世紀にもわたって繁栄するのである。それがクロアチア（およびダルマチア）だ。

クロアチアは、一九九八年のサッカー・ワールドカップで日本と対戦したため、すっかり有名になった。一時的なものかも知れないが、日本国内ではユーゴ紛争のときよりも知名度が上がったのではないか。とにかく、クロアチアは旧ユーゴスラヴィア連邦を形成していた共和国のひとつであり、この地域の特にアドリア海沿岸でグラゴール文字が栄えたというのである。

なぜ「意外なところ」なのか。これは前にも述べた宗教と文字の関係を思い出していただきたい。クロアチアは古くからカトリックの地域である。本来は東方正教の普及のために作られたグラゴール文字が、カトリックの僧侶たちによって生き延びるなんて、なんだか妙な話ではないか。

一〇五四年、東方正教の東方教会（ビザンチン）とカトリックの西方教会（ローマ）は両教会の普遍性を要求して分裂してしまう。クロアチアは東方正教の強い中で、カトリックを守る。カトリックといえばラテン語＝ラテン文字、と考えてしまいがちだが、彼らはグラゴール文字を選んだ。実際、ローマからもある程度は独立性を主張したかったらしい。ローマ側もこれを大目に見た。ビザンチンの優勢なバルカン半島でせいぜい頑張りなさいよ、ということである。

グラゴール文字はここで頑張り続けた。字体は古代スラヴ語の文献と比べると、いくぶん角張ってきた。十二世紀の『ウィーン断片』（ラテン式典礼による祈禱書）に書かれたクロアチア・グラゴール文字はまだ、それほど角張ってはいない。しかし最終的にクロアチア・グラゴール文字はだいぶ四角い形に収まっている。この形の違いは、古代スラヴ語の文献と比べてみればだれでも一目で分かるほどはっきりしている。

クロアチア・グラゴール文字は十三世紀から十六世紀にかけて最盛期を迎える。一二四八年、セーニの司教フィリップはローマ教皇インノケンティウス四世にスラヴ語で儀式をおこなわせてくださいと、請願を出した。また、一二五二年にはクルク島の司教フルクトゥオズも同様の請願をしている。教皇はそれぞれに対してこれを認めた。これでグラゴール文字文化が活気づいた。さらにトリエント公会議（一五四五年〜一五六三年）の決定により、グラゴール文字文献の改訂をおこなうことが決まったので、やはりグラゴール文字による印刷物の出版が勢いづく。このように宗教的なお墨付きがあると元気になるところが、宗教と文字が密接に関係している証拠でもある。

この時期のグラゴール文字文献は、そのほとんどが宗教関係だが、かなりたくさん残っている。クロアチアのアドリア海沿岸にある司教座や修道院などに付属する図書館はもちろん、ザグレブやリュブリャーナ、プラハ、モスクワ、ロンドン、パリなどの図書館にも所蔵されている。一九三二年にチェコの文献学者で神学部教授のヴァイスという人が調べたところでは、四十二部の写本が数えられている。決して微々たる数字ではない。

このクロアチア・グラゴール文字は、驚いたことに十九世紀初頭まで、主にアドリア海の島々で使われていた。しまいには草書体で役所の書類まで書かれた。

さらに印刷されたものもいろいろある。一四八三年には祈禱書が印刷され、その後ヴェネツィア、チュービンゲン、ローマで出版活動がおこなわれた。宗教関係の文献がほとんどだが、きれいなイラストのついた聖者伝もある。特にヴェネツィアで印刷されたイラストは、ビザンチン世界とはまったく違う。印刷技術その他が違うこともあるが、「グラゴール文字＝東方正教会」と思っていると、ずいぶん違和感がある。また、フョードロフのところで紹介した「文字教本」、すなわち『アイウエオの本』のグラゴール文字版も存在する。いくら限られた範囲内での使用とはいえ、やはりグラゴール文字教育もおこなわれていたのである。

グラゴール文字文献の言語は、宗教的な内容であればもちろんクロアチア教会スラヴ語であるが、そうばかりとも限らない。たとえば十五世紀末から十六世紀初頭に成立したと思われる、ジュゴンビッチ文集に収められた『金口ヨハネ伝』は、教会スラヴ語の影響が強いものの、当時のクロアチア口語で書かれている。

グラゴール文字は、このクロアチアとダルマチアでもっとも栄えたが、これ以外の地域でも、十二世紀以降も多少は使われていた。たとえばボヘミア地方では、プラハのエマウズィ修道院で十四世紀よりグラゴール文字が使われた。これもクロアチアの影響だった。さらにボヘミアからポーランドのクラクフに向かった系譜もある。またクロアチアに近いスロヴェニアにも一部でグラゴール文字が見られた。しかしその使用範囲はごく限られており、どれも十六世紀〜十七世紀初頭にはみな忘れ去られている。

クロアチア・グラゴール文字も、教会の外では使われない。しかし中には二十世紀になっても使うことがあったらしい。最近ではクロアチアの寺院近くの土産物屋では、グラゴール文字刻文のレプリカが売られている。

クロアチアのグラゴール文字による祈禱書。三博士礼拝の図。1404年。

一九九七年、東京の日本書道美術館で「バルカン古典文字展」が開催され、ブルガリアから多くの古文献が来たというので、見に行ってきた。九世紀から十九世紀とあったので、古代スラヴ語の文献が来たのかと胸を弾ませたが、残念ながら古いものはギリシア語の写本がほとんどだった。

展示物の中に、興味深いものが一点あった。十七世紀の呪文書で、カタログによれば二九〇×六二センチという、掛け軸のような縦長の紙切れである。解説には、裁判の際のお守りで、悪を避けるための呪文が書かれているらしい。このテクストをよくよく睨んでいると、その中にいくつかグラゴール文字が使われているのに気づき、ビックリした。この頃のブルガリアでは、グラゴール文字は一般には使われておらず、一種の秘密文字として魔術などに用いられていたらしい。正統な布教用文字として生れたものが、魔術用文字になってしまうなんて、皮肉なものだ。

古代スラヴグラゴール文字	クロアチアグラゴール文字	数値	キリル文字	数値	音価
Ⰰ	Ⰰ	1	а	1	a
Ⰱ	Ⰱ	2	б	—	b
Ⰲ	Ⰲ	3	в	2	v
Ⰳ	Ⰳ	4	г	3	g
Ⰴ	Ⰴ	5	д	4	d
Ⰵ	Ⰵ	6	є	5	e
Ⰶ	Ⰶ	7	ж	—	ž
Ⰷ	Ⰷ	8	ѕ, ꙃ	6	dz
Ⰸ	Ⰸ	9	ꙁ, з	7	z
Ⰹ, Ⰺ	Ⰹ, Ⰺ	10	(ı), і, ї	10	i
Ⰻ	Ⰻ	20	и (и)	8	i
Ⰼ	Ⰼ	30	(ћ)	—	ǵ (j)
Ⰽ	Ⰽ	40	к	20	k
Ⰾ	Ⰾ	50	л	30	l
Ⰿ	Ⰿ	60	м	40	m
Ⱀ	Ⱀ	70	н (н)	50	n
Ⱁ	Ⱁ	80	о	70	o
Ⱂ	Ⱂ	90	п	80	p
Ⱃ	Ⱃ	100	р	100	r
Ⱄ	Ⱄ	200	с	200	s
Ⱅ	Ⱅ	300	т	300	t
Ⱆ	Ⱆ	400	оу, ѹ	400	u
Ⱇ, ф	ф	500	ф, ф	500	f
Ⱚ	—	(500)	ѳ, ѳ	9	希語 ϑ
Ⱈ	Ⱈ	600	х	600	ch
Ⱉ	Ⱉ	700	ѡ	800	o
Ⱋ	Ⱋ	800	щ	—	št
Ⱌ	Ⱌ	900	ц	900	c
Ⱍ	Ⱍ	1000	ч	90	č
Ⱎ	Ⱎ	—	ш	—	š
Ⱏ	Ⱏ, I	—	ъ	—	ъ
ⰟⰋ, ⰟⰊ, ⰟⰉ	—	—	ъи (ъι), ꙑ	—	y
Ⱐ	Ⱏ, I	—	ь	—	ь
Ⱑ	Ⱑ	—	ѣ	—	ě
Ⱓ	Ⱓ	—	ю	—	ju
—	—	—	ꙗ	—	ja
—	—	—	ѥ	—	je
Ⱔ	—	—	ѧ, ѧ, ѧ	900	ę
Ⱘ	—	—	ѫ	—	ǫ
Ⱗ	—	—	ѩ	—	ję
Ⱙ	—	—	ѭ	—	jǫ
—	—	—	ѯ	60	希語 ξ(ks)
—	—	—	ѱ	700	希語 ψ(ps)
Ⱛ	—	(400)	ѵ (y)	400	希語 υ

表6　グラゴール文字およびキリル文字対応表。(V.ヴォンドラーク『教会スラヴ語読本』ブルノ、1925年を一部訂正)

アラビア文字で書かれたスラヴのことば

こうしてグラゴール文字がだんだんと廃れて、スラヴ諸語はもっぱらキリル文字で表記されるようになった。もちろん、ラテン文字を忘れてはいけない。カトリック圏を中心に、多くのスラヴ諸語がラテン文字で書かれていることはすでに述べた。

ラテン文字で書かれたスラヴ諸語の文献は、全般的に古代スラヴ語のものに比べて新しいものが多い。その中でも唯一の例外がスロヴェニアの『フライジング文献』である。これは三つの短いテクストからなっている。十世紀末から十一世紀に作られたと思われるこの文献は、ドイツ・バヴァリア地方のフライジング修道院で発見された。いまではミュンヘンの図書館に保存されている。テクストは当時のスロヴェニア語の影響が強い。この時代のスラヴ語でラテン文字によるものはこれしかなく珍しい。スロヴェニアで発行されている観光案内にまで紹介されているのだから、よほど自慢なのだろう。この『フライジング文献』を古代スラヴ語の中に含める学者もいるが、この見解はあまり一般的ではない。

その他の文字についてはどうだろう？

たとえば十四世紀末より、マケドニア地方のスラヴ語はギリシア文字で書かれたことがあった。もっとも個人のメモぐらいにしか使わなかったらしい。しかし一七九四年に印刷された初のマケドニア語の本は、ギリシア文字が使われていた（もっとも、この頃にマケドニア語があったのか、というのも難しい問題なのだが）。

さらにベラルーシでは、ユダヤ人の間でヘブライ文字を使ってスラヴのことばを書きつけていた、という報告もある。しかしこれも、個人のメモに過ぎない。

でもそんなことをいったら、ロシア語の教科書に仮名を振っているのだって、「日本の文字カタカナで書かれたスラヴのことば」とならないだろうか？

しかし個人用メモのレベルではなく、数多くの文献を意外な文字を使って表わしたスラヴ語がある。それがアラビア文字によるベラルーシ語テクストなのだ。

十四世紀から十五世紀にかけて、当時のリトアニアやベラルーシの地にタタール人がやって来るようになった。戦争のときに捕虜として連れて来られる者もいたし、より良き生活を求めて自らの意志で移住してくる者もいた。こうして定住したタタール人のことを、リトアニア・タタール人という。ポーランド・タタール人、あるいはベラルーシ・タタール人と呼ぶこともある。いずれにせよ、リトアニア大公国に住み着くようになったタタール人のことだ。

タタール人の宗教はイスラム教である。イスラム教の聖典コーランはアラビア語で書かれているが、別にアラビア語は彼らの母語ではない。母語はタタール語だった。しかし、リトアニア・タタール人は、移住した後、次第に自分たちの母語を忘れ、現地のスラヴ諸語、ベラルーシ語やポーランド語を使うようになっていった。ただし宗教儀式はアラビア語で（後にはトルコ語で）おこなった。子どもの頃より、リトアニア・タタール人は意味も分からずに、イスラムの祈禱書などを暗記させられる。この際に読み書きも覚える。だから文字だけは保つことができたのだ。しかし、日常会話にはベラルーシ語を使う。こうして、十六世紀から十七世紀を中心に、スラヴの言語をアラビア語で書き表わすという、ちぐはぐな現象が起こったのだ。

このアラビア文字で書かれたベラルーシ語による著書は、宗教文献ばかりではない。世俗文学、すなわち英雄伝や冒険物語、占いなどもあった。もともとはイスラム圏のテクストが、こうしてベラルーシ語に訳されていったのである。

ここでは「ベラルーシ語」と言っているが、当時そのような概念はなかった。だからこのアラビア文字で書かれたスラヴの言語がどんなものかは、判断に迷うところである。ポーランド語の影響が強いものもあれば、ロシア語やウクライナ語に近いテクストもある。ここではそれをまとめて「アラビア文字で書かれたベラルーシ語」と表現しているので、お間違えのないように。

このアラビア文字で書かれたベラルーシ語による文献のことを、「キターブ」という。アラビア語で「本」を意味するこのような文献の研究は、十九世紀より始まる。ペテルブルグ大学教授で東洋学者であったムフリンスキーは、一八五七年に「リトアニア・タタールの起源と状況に関する研究」を発表し、その中でこのようなキターブは「かなりの分量があり、このような本を集めてちょっとした図書館ができるほどだ」と指摘している。さらに一九一五年、ルッケーヴィッチという研究者が、リトアニアのヴィリニュス近郊の村で新たなキターブを発見し、これについて論文を発表した。これに触発されて著名なスラヴ語学者でベラルーシ語の研究者であるカールスキーもキターブに注目する。最近ではアントノヴィッチが一九六八年に総合的な研究をまとめている。

アラビア文字で書かれたベラルーシ語が興味深いのは、ただ変わった文字で書かれているからではない。このようなテクストは当時のベラルーシにおける口語や方言を伝える、貴重な資料なのである。規範に従って書き表わされた教会スラヴ語と違い、キターブでは話しことばが素直に反映されている。さらに正書法もなく書き留めたものなので、音についてもいろいろな情報を提供してくれる。またその言語的特徴からは、キターブの言語にベラルーシ語の南西方言や、リトアニア語地域との境をなすポロック方言が見られ、これらの文献が作られた地域を考えるときに重要となる。

こういう理由で、このユニークな文献はベラルーシ語史の中でも大きな位置を占めているのである。アラビア文字で書かれたスラヴの言語は、この他ボスニアでも見られる。

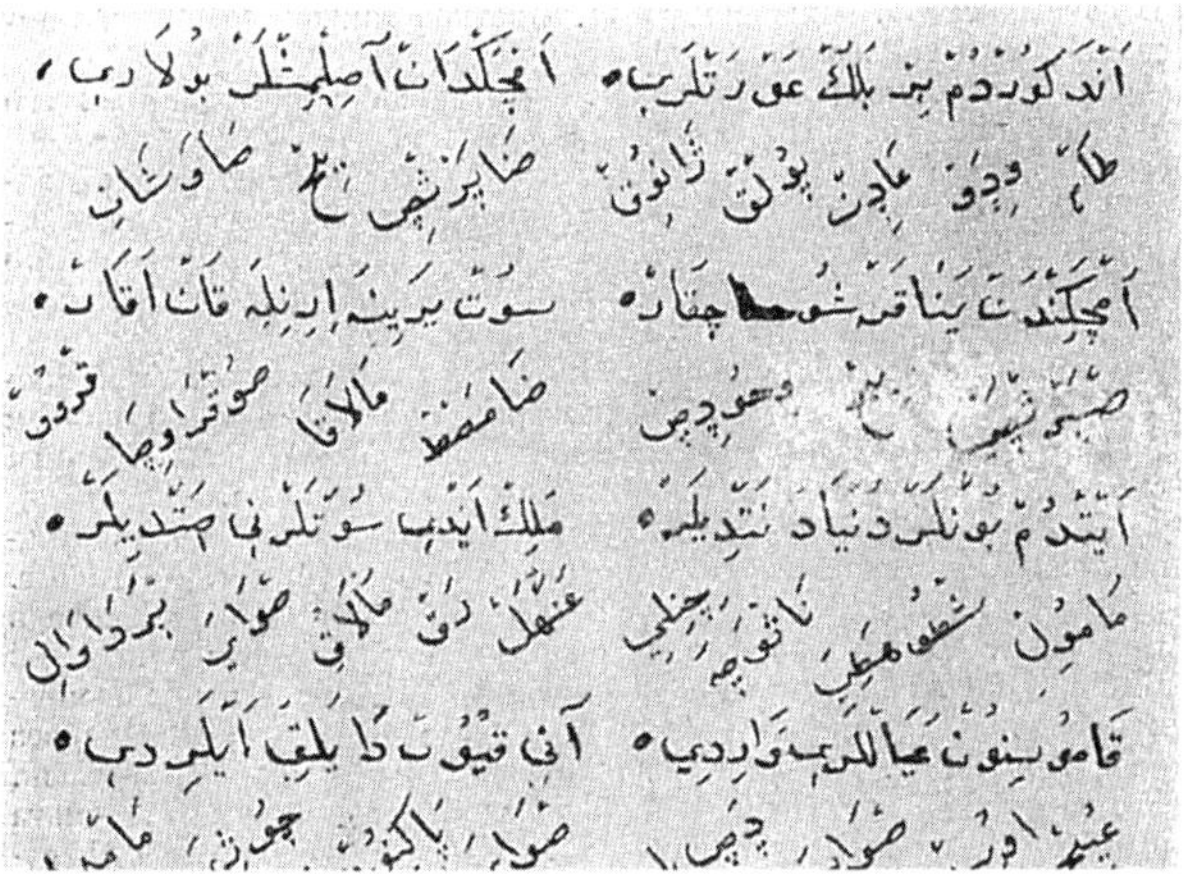
アラビア文字によるベラルーシ語の手紙。18世紀前半。

そういえば日本からロシアへ流された漂流民の著作

に現れる、カタカナ表記のロシア語も、彼らが聞き取った口語が反映されていてなかなか面白い。不器用に書き取ったものが思わぬ資料にもなるのだ。

でも、ふつうのロシア語学習では、キリル文字にカタカナを振るのはやめてほしい！

キリル以前のスラヴの文字

この章ではスラヴ諸語の文字の流れを見てきた。その長い歴史も、すべてはコンスタンチンことキリルと、その兄メトディーから始まっているのである。この兄弟がスラヴ諸言語のシンボルとなるのも当然だろう。

では、キリルとメトディーが現れる前のスラヴ族には、本当に文字がなかったのだろうか？

この問題については、フラブルの『文字の物語』に「異教徒だった頃は、線だの刻み目だのを使って、読んだり占いをしたりしていた」という記述があった。これが具体的にはどういうものだったのか、文字ではなかったのか？「キリスト教の洗礼を受けてからは、ローマ文字やギリシア文字を使って、スラヴ語をめちゃくちゃに書き付けようとしていた」ともある。借り物にせよ、スラヴ族はキリルとメトディーの登場以前から文字を知っていたのではないか。

可能性としてはそうかも知れない。しかし現在のところ物的証拠が残っていない以上、どんなに考察を進めてもそれは憶測の域を出ない。わたしは具体性のない議論には興味がないので、これ以上この話を進めることはしない。

しかし、物的証拠が出て来たら、どうだろう？

この本をまとめるにあたって、ずいぶんいろいろな本を参考にした。その中の一冊であるウハノヴァ『スラヴ文字記録の起源より』（モスクワ、一九九八年）を読んでいたら、その中の「ヴェレスの本、およびその他の中世ロシア写本の贋作」という章があった。なんとなく読んでいったら、実はすごく面白かったので、ここで紹介しようと思う。

ただし、ここで立場をはっきりさせておかなければならない。著者ウハノヴァは、国立歴史博物館中世手稿・印刷書籍部に勤める文献学者である。彼女はその章の題名でも謳っているように、この《ヴェレスの本》を贋作として扱っている。わたしは、九世紀の作とされるこの《ヴェレスの本》を実際見たこともなければ、その言語を分析したこともない。しかしこの章を読む限り、彼女の分析は筋が通っており、その結論は正しいと考えている。

一九一九年ロシア、白軍（反ソヴィエト軍）の連隊長A・F・イゼンベックなる人物は、廃墟となった領主の屋敷から、なにやらわけの分からない文字が両面に書きつけられた、木製の板切れを何枚も発見する。後に彼はその回想の中で、それがどこの場所だったか、なんという領主の屋敷だったか、さっぱり思い出せないと言っている。イゼンベックはこの板切れを部下に拾い集めさせ、袋に詰めてそのまま持ち帰った。

イゼンベックは後に亡命し、一九二五年よりベルギーのブリュッセルに住むようになった。そこ

疑惑の板切れ《ヴェレスの本》。果たして本物なのか？

で彼はY・P・ミロリューボフなる人物と知り合う。ミロリューボフはもともと理系の人間だったが、それよりも文学や歴史、特に古代スラヴの宗教やロシアの民俗学に興味を持っていた。彼はイゼンベックに、歴史をテーマにして何か抒情詩を書きたいのだが、資料が足りないと相談した。するとイゼンベックは床の上に置いてある、板切れの入った袋を指し示した。後のミロリューボフの回想によると、袋の中には裂け目の入った革紐で括られた、板切れの束があったそうだ。

それ以来十五年間、ミロリューボフはこの板切れのテクストを書き写す作業を続けた。イゼンベックは板切れの持ち出しを固く禁じていたのである。ミロリューボフは常にイゼンベックの立ち会いのもとに作業をおこなった。席を外すときには、部屋に鍵をかけるほどの念の入れようだったのだ。その後一九四一年、イゼンベックが亡くなると、板切れの行方も分からなくなってしまった。

次に一九五三年、サンフランシスコのロシア系移民による雑誌『火の鳥』に「最大級の歴史センセーション」として、この《ヴェレスの本》が紹介された。ベルギーより板切れの写真が届き、このほんの数行に語源学者クールがロシア語訳をつけた。ただここまでしておきながら、編集部はテクスト全体をすぐに発表しようとはしなかった。大センセーションのはずなのに、一九五五年一月に板切れの写真がたった一枚掲載されただけである。一九五七年よりテクストの刊行が始まり、一九五九年まで続くが、その後は『火の鳥』そのものが廃刊となってしまう。

一九六〇年代になってレスノイが論文をいくつか発表する。レスノイは生物学者パラモノフのペンネームである。彼もスラヴの歴史に強い関心を示す亡命者である。《ヴェレスの本》というのは彼がつけた名称で、板切れにあるテクストからとっている。一九六〇年、彼はソヴィエト・スラヴ委員会に、ミロリューボフが撮った板切れの写真一枚を送りつけた。言語学者ヴィノグラードフは写真による鑑定を、古文書学者ジュコフスカヤに依頼する。鑑定結果は次のようなものだった。一、この写真は板切れそのものではなく、その写しである。二、古文書鑑定のために写真一枚だけでは、何とも判断が下せない。しかし、その少なすぎる資料の中でも、この板切れが本物であるかは極めて疑わしい。またこの言語についてはそもそもオリジナルではないと結論づけた。レスノイは鑑定家がこの《ヴェレスの本》独特の言語が分かっていないとして、これに反論した。彼は第五回国際スラヴィスト会議で発表までしようとしたが、結局大会には現れなかった。レスノイの死後、西側ではこの《ヴェレスの本》問題が忘れられていった。しかしソヴィエト・ロシアではときどき話題に上がっている。

ウハノヴァ女史はこのように《ヴェレスの本》の流れを概観した後、この板切れをめぐって、古文書学、文献学、言語学、歴史学の立場から、これを綿密に検証する。その分析はまったく見事なものであり、どう考えても、《ヴェレスの本》を本物とするグループには分が悪い。もっとも、これは女史一人の分析ではなく、文献学者トヴォローゴフをはじめとする、多くの学者による検証の総括である。

わたしにとってはもちろん、言語の分析が興味深い。しかしそれは古い時代のスラヴ諸語に関する細かい知識が必要となってくるので、ここでは具体的には紹介しない。ただ、一言でいえば、この《ヴェレスの本》は、とにかくメチャクチャである。音の交替はバラバラだし、その語彙は東スラヴ諸語のほか、ポーランド語、チェコ語、セルビア語などの要素が混在している。《ヴェレスの本》本物派は次にように主張する。「古い時代の言語だから、さまざまな要素が混沌としているのだ」。

この点については、わたしもはっきり主張できる。そういうことは絶対にありえない。文字がなかった頃のスラヴ語については、学問の成果によりある程度のことは想像がついている。古い時代だからメチャクチャで当然、ということは決してない。そもそもどんな時代のどんな地域の言語でも、その内部には必ず安定した文法体系が存在する。だれも聞いたことがないからと、いい加減なことを言ってはいけない。文献学をナメテはいけない。

どうして、このような贋作が出来たのか。《ヴェレスの本》の関係者はみな、ソヴィエト体制に反対して国を出た亡命者である。国を追われて他所で暮らせば、その愛国心も高揚する。実際、第二次世界大戦において祖国がファシスト・ドイツに勝利したことは、亡命ロシア人たちを大いに盛り上がらせた。愛国心が高揚すれば、自分の国の歴史をより「豊かな」ものにしたいと考えるまで、あと一歩だ。もっとも、他の国のことを悪くは言えない。日本だって経験のあるところだ。

ウハノヴァ女史は贋作《ヴェレスの本》の制作について、そのプロセスを鮮明に浮かび上がらせているが、それをここで説明することもないだろう。いずれにせよ、自分の国が他より偉大であってほしい、その歴史が長いものであってほしいという、愛国者には共通する願いが、このような贋作に走らせるのだという、一例だろう。

さて、増える一方で整理の悪いわたしの書棚を眺めていたら、ちょうどA・アソフ編『ヴェレスの本』（モスクワ、一九九五年）があった。これは校訂テクスト（?）に翻訳と注釈を付した、この問題作の総合版である。そういえば数年前に、何だかよく分からないけれど買っておいた本だった。九世紀のノブゴロドで作られた文書、はて、そんなものあっただろうか？　校訂テクスト部分には奇妙な形の（でもよく見れば明らかにキリル文字に近い）文字が並んでいる。このときは分からないままだったが、ウハノヴァ女史の著作のおかげで、何物だか分かった。この話をまとめるにあたり、本文はともかく、その解説ぐらいは読んでおこうと思って、ページをめくり始めた。

ところが、である。話の進め方がウハノヴァ女史とどうも違う。《ヴェレスの本》発見の経緯やその研究史は詳しく述べてあるものの、贋作であることはおろか、その言語が不自然であることなど、どこにも言及していない。そしてついに「ヴェレスの本の批判に答える」という章にきて、初めて分かった。これは《ヴェレスの本》本物派の著作だったのだ！

わたしはこれ以上、もう何も言えない。分かったのはこの《ヴェレスの本》について、未だに贋作説と本物説が対立しているということである。それぞれの主張を総合すれば、わたしは贋作説のほうが、筋が通っていると思う。しかし初めにも述べたように、実際にテクストを分析したわけではないので、わたし自身は判断の下しようがない。

文献学は常に偽物と隣り合わせだ。スラヴとて例外ではない。十九世紀のボヘミアでは、「ケーニギンホーフ（クラーロヴェードヴォールスキー）手稿」という、十三、十四世紀に成立したとされる抒情・叙事詩をめぐって、大論争が巻き起こった。そしてこの文書の発見者ハンカと、言語学者ドブロフスキーがその真偽について激しく対立するのである。このことについては種村季弘『ハレスはまた来る——偽書作家列伝』（青土社、一九九二年）の中で読みやすくまとめられているので、興味のある方は是非とも読んでいただきたい、結論から言えば、これは贋作であるのだが、当時のボヘミア愛国主義の中では、ハンカこそが英雄であり、スラヴ語学の創始者とも言われる大学者ドブロフスキーは激しい批判を浴びるのである。

最初のテーマに戻ろう。いまの段階では、キリルとメトディー以前のスラヴ文字はなかった、と考えるのが定説である。ただし、そうでないと信じ、さまざまな模索をしている研究者もいる。また将来、新たなる文書が発見されるかもしれない。それは誰にも分からない。しかし物的証拠のないいまのところは、キリルとメトディーがスラヴ世界で初めて文字を作ったのである。

文献学とは地味な学問である。先人たちの長年にわたる研究を、追いかけるだけでもたいへんだ。ましてや世紀の大発見が、そう滅多やたらにあるはずもない。だからオリジナリティーのある論文を書くのは難しい。いや、へんに大発見のあるような論文は、そもそも大いに問題なのだ。地道な作業を飛び越えて、大穴をあてることは不可能なのである。しかし、文献学は言語研究の中でも基本の一つであるし、また丁寧に読むことから始まるさまざまな小さな発見もまた、魅力的なのであり、決して退屈なだけの学問ではない。きちんとした知識がこのような贋作を見破ることもあるのだ。

ロシア人もすなるウクライナ語

グリーシャはわたしの勤務先に研究員としてやって来たロシア人である。専門は物理だか化学だったのだが、よく覚えていない。とにかくわたしには理解不可能な分野だった。たとえ日本語で説明してもらっても分からないだろう。

最初はグリーシャがわたしの研究室に本を借りに来て、それから親しくなった。彼に限らず、スラヴ圏の理系インテリは読書家が多い。この異国の地に来ても、時間があれば文学作品を読みたいとわたしのところに訪ねてくる。アクショーノフやラスプーチン、トリーフォノフなどを喜んで借りていく。最近ではわたしもこういうスラヴ人のために、日本文学のロシア語訳やチェコ語訳などを揃えておくようにしている。

グリーシャは奥さんといっしょに来日していた。彼の妻リーナもモスクワでは何やら理系の研究員なのだが、ここでは主婦をしていた。はじめのうちは退屈だったかもしれないが、日本に来て二カ月後に息子を産んで（!）、それどころではなくなった。

リーナはウクライナ人だ。ドニプロペトロフスクという東部ウクライナの出身である。ウクライナファンのわたしは、「ウクライナ出身」の一言でだれとでも仲良くなる。そして「時間があったらウクライナ語の話し相手になってくれない？」と頼んでみる。

ここで注意すべきことは、「ウクライナ出身」だからといって、みんながみんなウクライナ語を話せるわけではない、ということである。特に東部の人は民族的にはウクライナ人でも、ことばはロシア語だけ、ということも珍しくはない。

ウクライナ、キエフにて。街のキオスク。морозиво はウクライナ語でアイスクリームのこと。

有り難いことにリーナはウクライナ語を話せるという。そしてすぐにウクライナ語に切り替えて、話してみせた。うん、大丈夫。そこでキャンパスの外れにある、外国人研究者のための宿舎に週一回通って、ウクライナ語でおしゃべりする時間をつくることになった。

さて、千野栄一『外国語上達法』（岩波新書、一九八六年）にもあるように、外国語学習には時間の他にお金をかけなければならない。身銭を切らなければ何事もうまくならない。そこでわたしもリーナに謝礼を払いたいと申し出たのだが、「わたしは語学教育の専門家ではないから」と謙虚に断られた。では、どうお礼をしたらいいかと尋ねると、「あなたの本をまた貸してね」と答えてにっこり微笑んだ。しかしそれだけでは申し訳ないので、毎回クッキーを買ったり、日本紹介の本を贈ったりして感謝の気持ちを示した。その他、生まれたばかりの赤ちゃんを抱えていると、役所や保健所からしょっちゅう書類が送られてくるのでその内容を説明したり、健康診断の記入を手伝ったりした（それにしても、役所もせめて英語で書類を用意してほしい）。「股関節脱臼」などという用語が出てきて、あわてて大和露辞典を引いたこともあった。

レッスンの日取りなどをリーナと決めていたら、もともと控えめなグリーシャが静かにこう言った。

「あのね、ぼくもウクライナ語を少しは勉強したんだよ」

わたしは不思議に思った。グリーシャはロシア人である。別にウクライナ出身でもない。ロシア語を正しく話すウクライナ人は珍しくないが、ウクライナ語を話すロシア人はふつういない。このような場合、その言語が使われる国家間の力関係が反映する。

「でも、ウクライナ人と結婚したんだから」

こういう発想のロシア人は極めて珍しい。グリーシャは変わった男である。

ロシア語とウクライナ語はとても近い関係にある言語なので、乱暴に言えばそれぞれが自分のことばで押し通しても何とか分かり合ってしまう（ような気がする）。だからふつうはわざわざ勉強しようと考えない。それでもロシア語のような「有力言語」を身につければメリットがある。しかしウクライナ語は、どう考えても国際的に有力な言語とは言えないし、さらにはウクライナ語で絶対に読まなければならないような科学文献もない。したがって勉強しようとは思わないのである。

「ロシア語とウクライナ語って、けっこう違うんだよ。中にはロシア語と共通の語が一つもないようなウクライナ語の文だってあるんだから」

同じスラヴのことばなんだからだいたい分かっちゃうよ、というようなことを平気で言うスラヴ人が多い中、グリーシャの姿勢は貴重である。以前、わたしといっしょにベラルーシ語の仕事をしたいと申し出たベラルーシ人がいた。ベラルーシ語、ロシア語、日本語、英語、ポーランド語ができると本人は言うが、信じがたい。さらにわたしの書いたウクライナ語の著作をちらっと見て、「これは誤植ではないか？」と指摘したのだが、それは他のスラヴ諸言語から類推した結果の、まったくトンチンカンなものだった。こういうヤツとは仕事をしたくないので断った。

さて、レッスンが始まった。わたしが学習用テクストを用意し、これを音読して発音のおかしいところを指摘してもらう。そしてそのテクストの内容についておしゃべりする。相手は語学の教師ではないので、文法を質問しても仕方がない。「ネイティヴには発音と作文」というのがわたしの方針である（もっとも作文のほうはやらなかったが、おしゃべりすることがこれに代わると思う）。

リーナのウクライナ語は東部出身のためロシア語の影響が強い。高等教育はロシア語で受けているし、むしろウクライナ語のほうが第二言語なのかもしれない。ときどき、ぴったりとする単語が思いつかなくて、グリーシャが助け船を出すこともあった。彼は教科書でウクライナ語を覚えたため、むしろ標準的なのだ。

ロシア語混じりのウクライナ語のことをсуржик〈スルジク〉という。本来はライ麦や大麦、カラス麦などを混ぜた家畜用飼料のことだが、「混ざったことば」というような意味で使う。文法家から見ればこういうのは「間違った汚いことば」と考えるのかもしれない。特にロシア語に近いというのが、ウクライナ民族主義者にとって面白くないのだろう。

わたしはこのような考え方に反対である。現代のウクライナ語はさまざまな歴史的要因のため混沌とした状態にある。いまのウクライナで標準ウクライナ語が普及しているとはとても思えない。つまり、何に標準を置いたらよいのか、ウクライナ人自身さえ迷っているのだ。だから東部ウクライナのようにロシア語の影響が強くても、それはやっぱりウクライナ語なのである。少なくとも、ロシア語と隔たっているという理由だけで、リヴォフのような西部のウクライナ語だけが「正しく美しい」と考えるのは、間違いだと思う。

そんなイデオロギーはどうでもいい。リーナとのレッスンはとても楽しかった。使ったテクストが多少古かったため、いまでは時代後《おく》れのソヴィエトチックな話題に大笑いしたり、またリーナには馴染みの薄いカルパチアの生活には二人で首をかしげた。ときどき息子のマクシムが泣き声を上げて、リーナが飛んでいく。でもマクシムは基本的にとても機嫌のよい赤ちゃんだった。グリーシャもポツポツとウクライナ語で話題に参加する。もっとも彼はロシア語もポツポツなので、そういう話し方なのだと思う。外国人であるわたしにはとても有り難い。

それまで、わたしのウクライナ語はもっぱら読むばかりだった。現地に行ったところで、なかなか使うチャンスのないウクライナ語。わたしがウクライナ語を話せるようになったのは、彼らのおかげなのである。

グリーシャたちは一年の研究期間を終えると、モスクワに帰ってしまった。マクシムは大きくなったかな。いまでもときどきEメールが届く。

静かなるベラルーシ語

ベラルーシはロシアとポーランドの間に位置する、小さくて静かな国である。旧ソ連が崩壊したときに独立したのだが、あまりに静かなので日本の新聞やマスコミで話題になることはほとんどない。だから普通の人はまず知らない。昔は白ロシアと言っていたのだが、それでもピンとはこないだろう。だいたい最近はいろいろな国がどんどん独立してしまうのでとても覚えきれない。いまの高校生なんかは地理の授業で覚えることがさらに増えてしまって、うんざりしているのではないだろうか。

さて、そんなベラルーシへ出かけてきた。学会に参加するためである。学会は国際ベラルーシ学会といって、英語ではInternational Association for Belarusian Studiesという。この学会の第二回国際会議が、一九九五年五月十六日から十八日にかけてこの国の首都ミンスクで開催された。第二回というからには第一回もあったはずである。まったく、この世の中あらゆることが研究されている。

この年の二月頃にわたしは恩師のS先生より、この学会で何か発表するように勧められた。前からこのベラルーシ学を本格的に始めるためには、いままでに日本でこの国をどのようにとらえてきたかということをまとめておかなければと思っていたので、「日本人の見たベラルーシ観」と題して発表することにした。

五月十四日、S先生ご夫妻とともに成田よりモスクワに向かい、そこで一泊してから翌日にミンスクへと飛んだ。偶然にも、同じ飛行機でミンスクに来た日本人がわれわれの他にさらに三人もいた。別の学会があるらしい。いずれにせよ空港に着くと日本人六人全員、別のところへご案内ということになった。皆ヴィザをもっていないからである。そりゃそうでしょうとも、だってその頃日本にはベラルーシ大使館がなかったのだから、現地で発行してもらうしかないのである。何も悪いことはしていない。とはいえムスッとした若い国境警備隊とまるで連行されるかのように事務室に向かうのはあまり嬉しくない。有り難いことに学会側よりお迎えの人がちゃんといたので問題は特になかったのだが、何やら廊下みたいな所で書類を書かされたり、相変わらずのソヴィエト的態度で、多少不安な気持ちにさせられた。

お迎えに来てくださった方が話してくれたところでは、ちょうど十四日に国民投票があったばかりで、ベラルーシはロシア寄り路線を採択するという結果が出たということであった。つまりは一部ソヴィエトへの逆戻りというわけで、ベラルーシ独自の文化を研究しようなどというのは分離主義……とまではいかないけれど、とにかくあんまり歓迎されない存在になってしまったのである。あてがわれたホテルも郊外のあまり質のよくない所で、学会が政府より資金援助を受けられなくなったことを如実に物語っていた。やれやれ。

とはいえ、このソヴィエト的なるものには昔から慣れているので、いまさら驚くにあたらない。大切なのはミンスクに着いたことだ。なにより二年ぶりにやってきたわけだし、友人たちには会いたいし、本は買いたいし、わたしはウキウキとしていた。

十六日の朝、バスでホテルを出発して会場となる教員会館に着いた。ここの受付で登録をおこない、胸に付けるバッチと資料その他をもらう。資料その他の中に大会プログラムがあって、そこで初めて、わたしの発表が十七日であることが分かった。そんなバカなと思われるかもしれないが、こちらではだいたいこんなもんである。前もって何かを知るというのは旧社会主義国の場合はえらく難しいのである。わたしなんかまだいいほうで、S先生は開会式で挨拶する予定であることが、このプログラムを見て初めて分かったのである。始まるまであと十五分程度。「なんだか結婚式で急にスピーチを頼まれたみたいですね」と言ったら、「それより悪い」とおっしゃって、あわてて原稿を作っておられた。

こういう国際会議とはある種、お祭りみたいなもの。入口には本屋の他、地図や民芸品、果ては民族衣装まで売る出店がずらりと並ぶ。こういったところのほうが町中の本屋よりも学術書などに関しては品揃えがよいのである。必要な本はずいぶんここで手に入れた。ついでに家内へお土産にと民族衣装のブラウスまで買った。

店先を冷やかしているといろいろな人から声がかかる。懐かしい友人と再会するのは嬉しいが、何だかよく分からない怪しげな輩からもずいぶんと話しかけられた。たとえば、自分の書いた原稿を日本で翻訳・出版してほしいとか日本にビジネスの話はないかとか、果ては「わたしは政府から見て危険人物なので日本の人権擁護団体に依頼して身を守ってほしい」とか。なにせ二〜三百人はいようと思われる参加者のうち、アジアからの参加者は先生夫妻とわたしのみ。当然、目立ってしまうのである。このような、ベラルーシ政府から見なくても十分にアブナイ人たちを上手にかわしながら、各国の学者と知り合い、いろいろと有意義な情報を交換することができたのはもっけの幸いであった。

十七日の発表は大幅にスケジュールが遅れた。一人持ち時間十五分なのだが、これが守れないというのは国際的傾向。わたしは午後のいちばん最後だったのだが、たっぷり一時間は遅れていた。ユーゴスラヴィアやオーストラリアからの参加者たちと「ねえ、もう終わった?」「いや、あと三人なんだ」などとごそごそ話をしながら、自分の番をひたすら待った。

やっとわたしの発表がまわってきたときには、聴くほうもいい加減疲れていた。当初の予定より内容を大幅にカットして、始めに次のような短い挨拶をベラルーシ語でおこなった。

「みなさん、わたしはこれからの発表をロシア語でやらせていただきますが、どうぞご勘弁下さい。これはある意味で日本のベラルーシ学の現状を反映しているのかもしれません。わたし自身、二年ほど前にここのサマーセミナーでベラルーシ語を勉強したのですが、とても学会発表するほどのレベルではありません。次回には出来ることならベラルーシ語で頑張りたいと思いますが、今日のところはロシア語で発表致します」

これはたいへんウケた。はるばる遠いアジアの果てからやって来た若造が、我らのことばを少しでも話すじゃないかということで、共感を呼んだらしい。発表も多くの人が集まってくれて、また質問もたくさん出て、ということはちゃんと聴いていてくれたということなので嬉しかった。この発表の後には地元のラジオ局からインタビューを申し込まれ、その他にも出発の十九日まで、新聞・雑誌などからさまざまな取材を受け、おそらくベラルーシでこのとき二番目に有名な日本人となった。当時、一番目はアサハラショウコウという人だった。

かくして、有り難いことにわたしの初めての国際学会での発表はそれなりの成功を収めたようである。しかし話はこれで終わらない。この後もベラルーシから一通の手紙をもらった。有名な詩人の孫とかで、わたしのことを雑誌の記事で読み、感激して、是非その詩人の詩を日本語に訳してほしいという。まったく、こういうマイナーな国と付き合っているとずいぶんと思いがけないことがあり、だからまたやめられないという気もする。

さまよえるチェコ語？

うちの家内は見た目はちっちゃくてヒヨコみたいな女であるが、実は大学教師で、チェコ語を教えている。当然、チェコ人との付き合いもいろいろとあり、チェコ語はロシア語と並んでわが家の公用語である。そのため、わたしもチェコ語を勉強するのだが、隣に怖い「先生」がいることもあり、なかなか上達しない。

夏になるとこのヒヨコがチェコでおこなわれるセミナーに参加するので、わたしもときどきついて行く。一九九六年にはオロモウツ市のパラツキー大学で開催されたチェコ語セミナーに参加した。このセミナーは正式名称を「スラヴ研究夏季学校」といい、本来はチェコ語だけでなくさまざまなスラヴ研究の講座を開くことになっている。パンフレットによれば毎日午前中にあるチェコ語のレッスンのあと、希望者は週二回ロシア語またはウクライナ語のレッスンもやってくれるという。どうせ人数が集まらなくてだめだろうとは思いながらも、できればウクライナ語を勉強したいという希望を申し込み用紙に書き添えておいた。ところが意外なことに、この小さな伝統ある大学は、わたしというたった一人の変な東洋人のためにウクライナ語のコースを用意してくれたのである。有り難い話である。こうしてわたしはヨゼフ・アンデルシュ先生と出会った。

アンデルシュ先生はパラツキー大学哲学部スラヴ科の教授で、ふだんは学部でスラヴ語学概説やウクライナ語学を担当している。小柄で白髪の活発な方で、その気さくな人柄は個人レッスン前で緊張ぎみだったわたしをすぐにリラックスさせてくれた。一ヵ月という短い間に授業を五回やっていただき、その上、セミナーのあとに控えていたハリコフでの学会発表用の原稿を直してもらい、さらには発音練習まで付き合っていただき、本当に何から何までお世話になってしまった。

このアンデルシュ先生はごく最近まで、キエフのポチェブニャ言語研究所に勤めておられた。一九八八年にキエフで出版された『チェコ語・ウクライナ語辞典』全二巻の編者の一人でもある。しかしチェルノブイリ原発事故のあと、ハヴェル大統領がウクライナ在住のチェコ人たちに再びチェコへ帰って来るように呼びかけ、これに応じて先生もオロモウツに移ってこられたのである。ウクライナにはチェコ人村がいくつかあり、いまでも日常的にチェコ語が話されている地域があるそうだ。そんなこと、ちっとも知らなかった。わたしはたいへん興味を引かれた。すると先生はご自身が『スクリプトゥム』という雑誌にこのテーマで短い記事を書かれたことをおしえてくださった。以下に「ウクライナ在住チェコ人の移民と再移民」と題されたこの記事を紹介したい。

チェコ人がウクライナへ大量に移民したのは十九世紀後半のことである。当時のロシア皇帝はチェコ人たちに土地の自治権や宗教上の特権といった有利な条件を与えて、彼らを積極的に受け入れた。このため、たとえば一八六七年にたった十四家族で始まったヴォルィニャ地方の小さなチェコ人集落は、七年後には二万人の住民を数えるほどになったのである。チェコ人は既存の村に入植することもあれば、新たに土地を切り開いていくこともあった。新しい土地でチェコ人たちは勤勉に働いていった。しかし、だからといってチェコのことを忘れ去ったわけではなかった。オデッサには「チェコ人懇話会」、キエフには「コメニウスクラブ」というような同郷人組織が創設された。また新聞や雑誌も独自に発行し、故郷との連絡を保ち、民族のアイデンティティーを守っていったのである。

ところがこの勤勉で愛郷心の強いことが、かえって災いした。一九二〇年代末から強制的な集団化が始まり、多くのチェコ人が弾圧されることとなった。チェコ人学校は閉鎖され、出版社や同郷人会は解散させられ、宗教書などは押収されてしまったのである。こうした強制的な民族的・文化的同化政策が激しくなるにつれ、チェコ人たちはかつての故郷へ再び戻って行くことになった。このような民族移動の第一の波が第二次世界大戦後に起こり、およそ四〇万人のヴォルィニャ在住チェコ人が、当時のチェコスロヴァキアへと帰っていったのである。そして第二の波が、先に紹介したチェルノブイリ事故の被害にあった地域から戻った最近のもので、およそ二千人のチェコ人が再移民したのである。

この結果、現在ウクライナに住んでいるチェコ人は七千人に過ぎない。彼らはその故郷から完全に隔離されてはいるものの、独自の生活習慣やフォークロアの伝統はいまでも生き続けている。オデッサ、ザポロージエ、ジトミールその他のチェコ人村では、今日でも古いチェコ民謡を耳にすることができる。これらを記録してまとめれば、ウクライナ語の中の「島」に存在するチェコ語方言の研究と並んで、たいへん興味深いものになると思われる。

さて、こんなことをチェコ語学を専攻する大学院生の友人に話したら、「ではこれはご存じですか」と言って、チェコアカデミー発行の『言葉と文学』五六号（一九九五年）に、ヤナ・ヤンチャーコヴァーの「ウクライナ・ジトミール州からのチェコ系移民の言葉の現状」という論文が掲載されていることを教えてくれた。これは先ほどの第二波によって一九九一年から九三年にチェコへ戻ってきた人たちの言語を詳しく分析したものである。コピーをさせてもらい、丁寧に読んでみた。

この論文では特に、一八七〇年代に北東ボヘミア出身の移民が多かった、ウクライナのマーラヤ・ズボフシチナ村から戻ってきた再移民の言語を取り上げている。著者は彼らのことばの中に、現在チェコ本国では失われてしまった古い方言的特徴を見いだし、また特に若い人に顕著な、ロシア語やウクライナ語の要素に注目している。一〇ページもない論文だがその分析はしっかりとしており、また参考文献も役に立つ。

チェコスロヴァキア時代の20コルナ紙幣。表には教育学者コメンスキー（コメニウス）、裏の左下にはグラゴール文字が見える。

チェコでウクライナ語というと、一見奇妙な組み合わせにも思えるが、わたしにとってはスラヴ学の新しい方向に目を向けるきっかけとなり、オロモウツのセミナーはとても有意義なものだった。

ちなみに、アンデルシュ先生はもちろん、チェコ語とウクライナ語のバイリンガルなのだが、ヒヨコの意見では先生のチェコ語はどうも少し独特だという。文法的にもまったく正しく話すのだが、なんだかチェコ語らしくない。特にイントネーションが違うという。そういえば、先生の話すチェコ語はウクライナ風かもしれない。でも、おかげでわたしには分かりやすいのだが。

ポーランド語、未だ滅びず

わたしがポーランド語の勉強を始めたのは、比較的遅く、大学院の博士課程二年目のときだった。スラヴ語学を目指す者がポーランド語も知らないとはけしからぬことなのだが、それには理由がある。

スラヴ諸語はお互いによく似ている。一つを知っていれば次の言語にチャレンジするときに見当がついて、勉強しやすい。だが、よいことばかりではない。なまじ似ているから混乱することもしばしば。次のスラヴ系言語を勉強するからには、その前に取り組んでいたスラヴ系言語が、ある程度「固まっている」ことが絶対に必要だ。「固まる」とは、基礎工事が出来上がっていて、新たなスラヴの言語が頭の中に入ってきても、それによって混乱したりしない、ということだ。ちょうど三色ゼリーを作るときに似ている。一つがきちんと固まらないうちに次のを流し込むと、境がぐちゃぐちゃで汚いゼリーが出来てしまう。これと同じことだ。

ロシア語の次に選んだスラヴ系言語はセルビア語だった。大学二年生のときだったが、とにかく「ロシア語と混ぜない」ということにもっとも気をつかった。夜の講習会で勉強していたのだが、大学では、たとえば午後三時まではロシア語の授業があるとすると、その後で急いで翌日の宿題を済ませ（外国語学部は厳しいのである。「遊んでいる大学生」なんて別世界だった）、午後四時からは頭を「セルビア語モード」に切り替える。語学の勉強をしたくない気分だったら、たとえば旧ユーゴスラヴィアのノーベル賞作家イヴォ・アンドリッチの小説の翻訳を読む。あるいは図書館に行って仮眠をとる。あるいは何もしない。少なくともロシア語は見ない、というのが肝心だった。

だから、スラヴ諸語はそう次々と勉強できるものではない。少なくともわたしがそんなことをすれば、頭の中には「ぐちゃぐちゃゼリー」が出来上がるに決まっている。しかも、その頃の大学では、他のスラヴ諸語なんぞに興味を持つことを奨励するようなムードでは決してなかった（少なくとも、ロシア語がクズレたら叱られただろう）。勧められてないのだから、急ぐこともない。あわてることはないのだ。焦らずゆっくりとやるというのが大前提である。

セルビア語は二年半やったところで、クラスがなくなってしまった（いや、そもそも二年半も続いたことのほうが奇跡である）。その次にはチェコ語を勉強した。これが三年。それからウクライナ語で、これは独学だからたいへんだった。その間に修士論文を書いたり、そもそも中世ロシア語と古代スラヴ語とニラメッコしている時期が長かったから、とてもポーランド語までいかなかったのだ。

さて、当時わたしが籍を置いていた大学では、別のキャンパスだったがポーランド語は常に開講されている授業科目だった。その頃は某所ですでにロシア語を教える、生意気な大学院生だったので、スラヴ関係の先生たちがお茶を飲んでいる共同研究室にまず顔を出し、ロシア人の先生に露作文の分からないところを聞いて（つまりは自分が教える授業の準備をしているのだが）、それからポーランド語の授業に行くというパターンだった。

ポーランド語を教えてくださったのは、N先生だった。N先生はロシア・ポーランド文学の専門家で、文芸時評や翻訳にも幅広く活躍しており、いまをときめく若手学者である。ふつうはロシア文学の授業を担当されていたのだが、そっちのほうにはあまり出席したことがなかった。すみません。わたしにとってN先生はいまでも、ポーランド語の先生である。

授業はとてもオーソドックスだった。教科書は石井哲士朗『エクスプレス・ポーランド語』（白水社、一九八七年）。先生が説明して、生徒は練習問題を答える。でも、その間に話してくださる、ポーランド関係のさまざまなエピソードがとても楽しかった。いくつかは教科書の隅にメモをした（こういう生徒はいやですね。わたしの授業では、文法はともかく、ネタをメモするなんてことは断じて許さない）。クラスはいつも三〜四人で、まあこういう「マイナー」な言語なんだから、そんなもんだろうと思った。全二〇課のうち、夏休み前までに半分の一〇課まで進んだ。スピードは速いが、大学だから当たり前である。

夏休みが終わり、初めの一、二回ほど欠席してしまったのだが、十月に入ってからいつものように練習問題をやって、共同研究室に行った。研究室にはいつものようにN先生がいた。サボってしまってすみません、と挨拶したら、

「実はですねえ。秋になってから誰も来ないのですよ」

あらら。うーん、ポーランド語のクラスメートとはまったく付き合いがなかったけれども、わたしのような「暇な博士課程」とは違って、なんだか皆、忙しそうだったもんな。

「それでですねえ」とN先生。「黒田君も、この授業が卒業単位になるわけではないし、いっそやめませんか？」

わたしは即座にこう答えた。「いやです」。

「梵語の先生は大変心のやさしい方であった。新学期の第一日新入生を大変やさしくにこにこ見渡して（この時だけは一同出席していた）梵語というものは何年おやりになっても決してうだつの上らないものでございます、とおっしゃるのである。四五年前大変熱心に勉強なすったお方がありまして、今もってわたしのところへここはどうだ、これは何だ、とおききにいらっしゃいます。この方は日がな一日梵語の勉強をなすっていらっしゃる、ところが梵語は辞書がひけるまでがまず一苦労、なかなか探す単語がおいそれと辞書から顔を出しません。いやはや梵語学者と申しましても、みんなそれぞれ怪しいものでございます、とおっしゃるのである。だからもう決して無理に梵語の勉強をおすすめは致しません、と大変やさしく親切にことばをつくしておっしゃるのだ。これでも梵語に出席しようという奴は、馬鹿でなければ、礼節を知らない無頼漢のひとりであるに相違ない」

坂口安吾『勉強記』（ちくま日本文学全集『坂口安吾』、一九九一年、一三七〜一三八ページ）

実際わたしは、「馬鹿」と「礼節を知らない無頼漢」を兼ねていたところが、N先生の不幸であった。

「そうですか」とN先生。「分かりました。でも黒田君ひとりを相手に文法講義をするつもりはありません。君も語学が専攻でしょ。教科書の残りは自分でやってください。次回から講読を始めます。これからコピーをお渡ししましょう」。

もちろん、後には引けない。というわけで、『エクスプレス』一〇課分の知識をもとに、講読を始めることになってしまったのである。こうして、『勉強記』の栗栖按吉青年と同じく、辞書を引きまくる日々が始まった。

はじめは初等読本から、いくつか読んだ。辞書は木村彰一他編『白水社ポーランド語辞典』（白水社、一九八一年）を使った。この辞書はすばらしい。収録語数は二二、〇〇〇語ぐらいなのだが、必要な単語はまず載っている。この辞書になかったら、それはよっぽど変な語で、覚える必要はない。わたしの理想とする辞書である（いつかわたしも、こういう感じでウクライナ語の辞書を作りたいなあ）。その上テクストに英語の注が完備しているので、内容はだいたい分かる。

しかしそれで済むと思ったら大間違い。N先生は授業では意味よりも、ポーランド語の単語の形態を質問する。

「これはどんな形ですか？」

「この動詞の不定形は何ですか？」

「この名詞の複数形はどうなりますか？」

しかも、当然と言えば当然なのだが、ロシア語とずれる箇所を突いてくるのだ。さすが、ハーヴァード大学でスラヴ語学の巨匠ラント博士に鍛えられたN先生だ。初めはたいそううろたえた。だがこちらも、徐々に応戦の仕方を覚えてくる。ははあ、これは先生が質問しそうだな。予習をしながらその見当がつくようになったあたりから、講読がだんだんと楽になっていった。そして最後にレシェク・コワコフスキ『ライロニア王国の一三の物語』から「大きな恥の物語」を読んだ（邦訳『ライロニア国物語』、国書刊行会、一九九五年）。どうしてこんなに詳しく覚えているのかといえば、それはいまでも当時のノートが残っているからである。それを見ると、われながらずいぶんとご丁寧に予習していたことが分かる。ということは、大学院生としての「研究」はロクにやっていなかったことがバレる。

こんなふうにして、まさに泥縄式ではあったけど、ポーランド語文法は無理やり頭に詰め込んだ。もちろん、後に詳しい文法書を覗いてみたりはしたが、基本はこの授業のお陰なのである。

先生、感謝しております。

ただ、こうして身につけたポーランド語は「辞書を頼りに読む」ということしか出来ない。大学の授業ではそれが目的だから十分だ。しかし、欲張りなわたしは「ポーランド語を少しは話せるようになりたい」という無謀なことを考えるようになった。

これは妙に思われるかも知れないが、実はわたしがウクライナ語やベラルーシ語と付き合うようになって実感したことなのだ。つまりウクライナ語学やベラルーシ語学をやろうと思ったら、ポーランド語がもっと出来なきゃだめなのである。ポーランド語で書かれた東スラヴ諸語に関する文献は非常に多い。もちろん読めればいいのだが、研究者は皆、ポーランド語が当然のように出来る。

ミンスクの国際会議に参加していたとき、朝食で同じテーブルになった各国の学者たちは、皆ポーランド語で議論をしていた（しかし、朝飯のときぐらい他の話題はないのかとも思うが）。うーん、あまり高望みはしないけど、もうちょっと話せてもいいんじゃないかな。そこで一九九七年夏、わたしはヒヨコ（うちの家内のことである）とともにシロンスク大学チェシン分校で開催された、ポーランド語セミナーに参加することを決めたのだった。

チェシンはポーランド南部、チェコとの国境に位置する町である。比喩ではなく、中心の広場から国境の検問所まで三分という近さだ。川一本隔てた向こうはもうチェコ側のチェスキー・チェシンが広がっている。それにしても緊張のない国境。川の向こう側には、散歩している人がよく見える。川岸には立て看板。「川に入らぬこと」。酔った勢いかなんかで密入国されては困る。

ここのポーランド語サマーセミナーは、参加者が八〇人にも満たない小さな学校だった。クラス数も七つしかない。その分、みんなと親しくなれてよい。クラス分けテストの結果、わたしは第四クラスになった。文法問題が多かったので、N先生に鍛えられたわたしには有利だったのだ。ちなみにヒヨコは第三クラス、つまりわたしよりも下のクラスである。「別々のクラスになった」というと、勝手に「そうですか、奥さんのほうが上のクラスだったんですね」と考える人が多いので強調しておく。そりゃ、チェコやスロヴェニアじゃあ、そうだったけど。いつでもというわけじゃない。

もちろん、クラス分けの発表を見て、ちょっと驚いたし嬉しかった。「へー、オレってけっこうデキルじゃん」。しかしいい気になっていられたのは、授業が始まる前までだった。授業に出てみれば、クラスメートはほとんどがスラヴ系！　チェコ人、スロヴァキア人、マケドニア人、ユーゴスラヴィア人、ロシア人。非スラヴ系はわたしの他、ドイツ人のおじさんとルーマニア人大学生二人だけだった。

もちろん、ただスラヴ系というだけでポーランド語学習が有利になるというわけではない。ふだんの文法練習なんか、別にこちらも負けていない。それでもその差は歴然と存在する。特にラジオニュースの聞き取り。ああ、いまどきラジオなんかから情報を収集するわけないだろうが！　クラクフ大学出たてのお嬢さん先生は、何を考えているんだろう？　クラスメートのあの阿呆のロシア娘でさえ、それなりに聞き取っているのに。かなり頑張っていたルーマニア人のお嬢さんもこれにはお手上げだった。ホント、そりゃないよ。

わたしはチェコ人大学生のペトル君と、スロヴァキア人女子大生モニカちゃんの間にいつも座っていた。チェコ（＝ボヘミア）とスロヴァキアの間なので、わたしは「モラヴィア」と自称していた（分からない方は地図を見てください。そういえば、その前年はモラヴィアにいたっけな）。モニカは明るくて元気のいい子だった。授業中分からない単語があると、「ねえ、これってどういう意味？」と聞いてくる。おいおい、ハンディー背負ったアジア人に聞くなよ。でも一回だけうまく答えられたことがある。「skrzypceってなあに？」「housleのことだよ」。うーん、キマった。前者はポーランド語で、後者はチェコ語であり、「バイオリン」という意味だ。たまたま知っていただけのことである。こんなことは滅多にない。

ポーランド、チェシンにて。川の向こうはチェコ。国境の両替所は英語、ポーランド語、チェコ語で表記されている。

小さなセミナーだったけど、なかなか充実していた。クラスを担当したのは例のクラクフ大学院卒の才媛の他に、おばちゃん先生がいた。第一印象は日本のフェミニスト評論家T女史に似ていてぎょっとしたが、実際はやさしくてよい先生だった。また週末の遠足もよく出来ていた。初めのほうはことばのいらないハイキングだったが、次の週は炭鉱見学、というように、こちらがポーランド語に慣れるのに連れて、遠足でもことばによる説明が増えてくるようになっていた。最後の週はオシフェンチム、すなわちアウシュヴィッツの収容所を見学したが、これがわたしのポーランド語理解力の最高レベルだったと思う。

サマーセミナー主催者側はセミナー・ミニ新聞を発行していた。何が書いてあるんだろうと思って読んだら、授業中に書いた自分の作文が載っていて驚いた。

「昨日、ベスキーディ山へ遠足に行きました。きれいな山々がとても気に入りました。でも残念ながら天気はあまりよくなくて、それなのにわたしときたら軽い靴を履いていたのです。歩きにくかった。どうしてヨーロッパ人はあんなにいっぱい歩くのが好きなんだろう？」

所詮はこんなレベルである。頭が悪そうで恥ずかしい。

とまあ、一夏を過ごしたお陰で、それでも意思を伝えるだけならポーランド語で何とかなるようになった。もちろん、どんな意思かにもよるのであるが。

これがわたしのポーランド語勉強記である。半分授業で半分独学、半分日本で半分現地という、きわめて半端な学習である。いや、その他の言語にしたって、多かれ少なかれこんな感じで勉強してきたのだ。

勉強したことなんてないスロヴァキア語

一九九七年夏、ポーランドで夏季学校に一カ月間参加したあと、スロヴァキアを旅行した。スロヴァキアを訪れるのは初めて。分離前のチェコスロヴァキア時代にも、行ったことがなかった。いまではチェコと別にもう一つヴィザを取得しなければ入国できない。チェコと分かれる前に行っておけばよかった（チェコは一九九八年八月よりヴィザが不要となった）。

ポーランドのクラクフから国際列車に乗り込んだ。一カ月を過ごしたポーランド・シロンスク地方ともお別れ、すなわちポーランド語ともお別れである。

国境で出入国管理官が乗り込んでくる。まずはポーランド側。

「こんにちは。パスポートをお願いします」

「はい、どうぞ。家内と二人分です」

「おや、ポーランド語を話すのですか」

「ええ、シロンスク大学のチェシン校で、夏季学校に参加してポーランド語を勉強してきまして」

それから、どうしてポーランド語を勉強しているのか、日本では何をしているのか、などなどお馴染みの質問。ポーランド人は押し並べて話し好きなので、会話の練習には困らない。

車窓からポーランドの風景が去り、いよいよスロヴァキア。初めてことばを交わすのは、やはり入国管理官ということになる。ところが、わたしはスロヴァキア語が出来ない。

「こんにちは、スロヴァキアです」

「こんにちは。はい、パスポートです」

「おや、ことばが分かるのですか」

「あっ、いや、わたしが話せるのはチェコ語でして、その、残念ながらスロヴァキア語は出来ないんです」と、こちらはチェコ語で答える。

ところが、この後にこの管理官の言ったことが興味深かった。

「いやー、まあチェコ語もスロヴァキア語も、同じようなもんじゃないスか」

言語は民族のシンボル。スロヴァキア人も自分のことばに対する愛情は強い。でも、人間、イデオロギーばかりでは生きていられない。大切なのはコミュニケーションができること。しかも、相手は遠いアジアから来た旅人である。そう、分かれば何だっていいじゃないか！

目指したのはプレショウという町だった。スロヴァキア東部に位置し、さらに東にはウクライナ。実際、この町にはウクライナ教会やウクライナ語劇場があり、ウクライナ文化の生きていることが感じられる。さらにここの大学では、独自の言語を主張するカルパチアの東スラヴ系民族、ルシンの言語を研究する講座がスロヴァキアで初めて開かれた。わたしにとってはいろいろと興味深いところである。

昼下がりに列車は到着、ホテルに荷物を置きさっそく町に出た。アイスクリームを片手に市内を散策する。看板のスロヴァキア語が珍しい。

本屋を見つけたので、さっそく入ってみた。棚を眺めていたら、『外国人のためのスロヴァキア語』という教科書がある。カラーのイラストが満載の綺麗な大型本だ。旅先で重たい本を買うのはどうもなあ、と一応は悩むのだが、でもやっぱりほしい。胸に大事に抱えてレジへ。

「お願いします」

手元にお金を用意していると、店員が何か言った。えっ?、と思って、「何でしょうか?」と聞き返したら、店員はニコニコとこう繰り返した。

「あなたは自分のスロヴァキア語をもっと完璧にするために、この教科書を買うのですね」

冗談じゃない。もっと完璧も何も、わたしはスロヴァキア語なんて一言も知らないのだ。

「いえいえ、わたしは残念ながらスロヴァキア語が話せないのです」

「出来ないって、今、話していらっしゃるじゃありませんか」

ショックである。わたしはずっと、チェコ語を話しているつもりだったのに!

日本に長く住んでいるチェコ人からこんなことを聞かれた。

「チェコ語とスロヴァキア語はどのくらい似ているんですか、ってよく聞かれるんですが、なんて答えたらいいんでしょうね?」

もちろん、言語学的にきちんと説明するのは容易でない。しかも相手はチェコやスロヴァキアについて、その歴史的経緯どころか、ヨーロッパのどこいらへんにあるかさえ分かっていないことが多い。だからだいぶ乱暴だが、手っ取り早く説明するにはこう言えばよいとアドヴァイスした。

「東京弁と関西弁ぐらいの違いです」

もちろん、それぞれ一国の言語であるのと、ある国の方言とを比べるのは無理がある。でも、同系の姉妹語を持たない日本人にとっては、こんなふうにでも喩えてみなければなかなか想像がつかない。

では、チェコ語とスロヴァキア語はどのくらい似ていて、どのくらい違っているのか。そもそもこういうテーマを立てること自体が科学的ではない。そこで「いつまでたってもチェコ語がうまくならない」わたしの経験を少しばかり紹介しよう。

違う言語なんだから、語彙が違うのは当たり前である。同じ言語内だって方言差で語彙が異なっているぐらい珍しくない。

チェコ語は不思議な言語である。いや、他のスラヴ諸語をいくつか齧った者から見ると不思議な気がするだけなのだが。ハプスブルク朝に支配されて二世紀、十八世紀末になってことばを復興させようとしたとき、チェコ語は十六世紀の文献にその規範を求めた。チェコ文化にとって十六世紀は黄金時代だったのである。そこで実際の話しことばとはずいぶん懸け離れた、いくぶん古風なお手本に近づけようとして、標準語を作ったという経緯がある。だから他のスラヴ諸語と比べても文法の形がずいぶん異なる。たとえば軟変化タイプの形容詞。男性、女性、中性とどの名詞と結びついても同じ形である。Národní「国民の」は、たとえばbanka「銀行」(女性名詞)でもdivadlo「劇場」(中性名詞)でも、すべて同じ形で、Národní banka, Národní divadloと結びつく。ところがロシア語その他で「形容詞と名詞の一致」をうるさく教育され過ぎたわたしには、どうも落ち着かない。そこへいくとスロヴァキアではNárodná banka「国民銀行」と町の看板にも書いてある。そう、スラヴの言語はこうでなくっちゃ、národníじゃなくてnárodnáだよね、形容詞は名詞の性に合わせなきゃ（繰り返し強調しておくが、これはまったく勝手な意見であり、チェコ語がうまくならないわたしの負け惜しみである）。

プレショウのホテルに戻ってベッドに寝転がり、先ほどの『外国人のためのスロヴァキア語』のページをめくった。中はすべてスロヴァキア語で書いてある。そう、それでもなんとなく分かってしまうところがスラヴ諸語のマジックなのである。

スロヴァキアの50コルナ紙幣。表にはキリルとメトディー、裏にはグラゴール文字。ちゃんと（?）NÁRODNÁ BANKAとある。

さて、スロヴァキア語の文字と発音の説明にこういうのがあった。「de, te, ne, le /di, ti, ni, li/dí, tí, ní, líは軟らかく読む」。軟らかく、というのはdeを〈デ〉ではなくて〈ヂェ〉と読むことをさす。他もteは〈チェ〉、neは〈ニェ〉、leは〈リェ〉となるのだ。

ところが、いつもはよく似ているチェコ語なのに、この点は違う。de, te, ne, leはそれぞれ〈デ〉〈テ〉〈ネ〉〈レ〉と読む。こういうのをスラヴ諸語の教科書では「硬い」という。

そう、わたしのチェコ語のダメなところはここなのだ。ロシア語やベラルーシ語など、d、t、n、lのあとにeやiがくると、軟らかく発音するのが常である言語と日頃から接しているので、チェコ語では硬く読まなきゃいけないのに軟らかくなってしまうのだ。ちょっと気を抜くと、たとえば「いいえ」という意味の《Ne!》というのを〈ネ〉、ではなくて〈ニェ〉と発音してしまうのである。

きっとチェコの人には「田舎臭く」響くんだろうな。プラハの町で買い物をしていたら「あんたはブラチスラヴァでチェコ語を勉強したのか？」と尋ねられたことがある。ブラチスラヴァとはスロヴァキアの首都である。きっと、また〈ニェ〉とか言ってしまったのだろう。面倒くさいから「そうだ」と答えておいた。いい加減もいいところである。ちなみにその頃はスロヴァキアに足を踏み入れたこともなかった。

でも、おかげでスロヴァキアとその言語にはなんだか親しみが持てた。いつか勉強してみたいなあ。そのチャンスが訪れることを願っている。

ブルガリア語のロウソク

この本はスラヴ語世界全体を扱うはずなのに、どうも南スラヴについての話が少ない。これは著者の知識が偏っていることに因る。特に旧ユーゴスラヴィア地域は紛争のため、スロヴェニア以外は現地に出かけていないので、どうも情報に疎い。これでもロシア語の次に勉強したスラヴの言語は、セルビア・クロアチア語（いまではこういう言い方もしなくなった）だったのに。一九八五年、大学二年生の夏休みにひとりでベオグラード、ザグレブ、サラエヴォ、リュブリャーナを旅した。当時、覚えたての怪しげなセルビア語を使いながら、宿を斡旋するオジサン、オバサンと交渉してはあちこちに下宿した。でも、言語にまつわる思い出は残念ながら大したものがない。また出かけるチャンスがあればいいのだけれど。

バルカン地域、特にセルビアやマケドニアについては、中島由美『バルカンをフィールドワークする』（大修館書店、一九九七年）を一読することをお勧めする。留学時代や言語調査の話など、現地で体験した著者にしか書けない楽しい本である（特に最終章の「食はバルカンにあり」は著者の嗜好が如実に反映されていて、非常に（妙に？）いきいきしている」。

さて、もう一つの南スラヴの国、ブルガリアへは二〇世紀末に初めて行ってきた。一九九八年八月末、プラハでヒヨコと落ち合ったあと、二人で首都ソフィアに向かった。別に学術的な目的など何もない。単なる観光である。しかし、単なる観光でこの町に一週間近くも滞在する人はあまりいない。ソフィアはプラハやクラクフのような観光都市ではない。でも、それでいいのである。退屈するぐらい一つの町でのんびりとする。これがわたしとヒヨコの旅行パターンなのだ。

もちろん、言語に興味があるから出かけるのである。ブルガリア語とはどういう言語か。スラヴ語派に属することははじめに書いた。しかしスラヴの言語の中でも、このブルガリア語は（マケドニア語と並んで）ちょっと変わっている。

ギニナ、プラトーノヴァ、ウシコヴァ『ブルガリア語教科書』（モスクワ、一九八五年）の七ページには、ロシア語と比べてブルガリア語の特徴を次のように簡単にまとめている。

「ブルガリア語は南スラヴ諸語の一つである。他のスラヴ諸語と同様、特に語彙についてはロシア語に近い。だが現代ブルガリア語の文法構造は、ロシア語と著しく異なっている。たとえばブルガリア語の名詞類は格語尾がなくて、後置冠詞があり、また動詞は時制や法に多くの形態を持つ」

スラヴ諸語を研究する者としては、たいへん興味深い言語である。しかし今回は単なる旅行者だ。私はブルガリア語を勉強したことがない。文法概説を少し読んだことがあるだけである。おしゃべりするなんてとんでもない。

旅行者に必要な言語の知識はごく限られている。まず、語彙。ブルガリア語の語彙はロシア語に非常に似ている。これは長い歴史において相互に影響を与え合ったことによるが、とにかく字面を見ただけで見当がつく語がとても多い。もっともアクセントの位置は同じでないこともしばしばなので、旅行者としては諦めざるをえない。同じ「仕事」を表わすработаという語も、ロシア語ならば〈ラボータ〉だが、ブルガリア語では〈ラーボタ〉となり、泥縄式をもっては絶望的である。しかし「無理やりコミュニケーション」にとっては語彙が分かることが何よりも強みとなる。着いたその日に新聞スタンドに行って、売り場のおじさんに「ソフィアで一番人気のある新聞ってなに？」と聞き、『二十四時』という新聞を薦められた。それ以来毎日この新聞を買っては、ホテルで眺めるのだが、正確なところはだいぶアヤシイものの、なんとなく意味が分かるような気分になる。同じキリル文字を使っているとはいえ、これがたとえばモンゴル語だったらこんなことは絶対にできない。

文法は、先に紹介したように、①名詞類が格変化しない、②後置冠詞がある、③動詞の時制や法が複雑である、という三つの点が問題となる。このうち旅行者にとって③は重要でない。旅行者に必要なのは現在形と命令形である。過去のよもやま話をする必要などない。①は格変化しなくていいのだから楽なのだが、これが逆に辛い。つい格変化をしたくなる。ウォッカが欲しければ、素直にводка〈ヴォートカ〉と言えばよい。ロシア語のように語尾の-aを-yに変えてводку〈ヴォートク〉などとしないのだ。なのに語尾を変化させないとなんだか落ち着かない。悲しい習慣である。

ところが、話し手も聞き手も知っている物事に対しては、英語の定冠詞のような働きをする後置冠詞というものを語の後ろにつける。「そのウォッカ」だったらводката〈ヴォートカタ〉というように、

-taという後置冠詞をつけなければならない。ロシア語などの定冠詞のないスラヴ諸語に慣れてしまったわたしには、なかなか慣れない。しかも形容詞＋名詞では、形容詞のほうにこの後置冠詞がつく。書いてあるものを読んでいるときには、はあ、なるほどと落ち着いて確認できるが、会話ではとてもじゃないがだめだ。これも諦めざるをえない。

このような情けない知識をもとに、ソフィアの町を歩いていたのである。

こういう珍しい国に出かけて、いったい何をしてきたのか。それは本を買う、テレビを見る、そして教会に行く、の三点に集約される。

本を買うのは、もう病気みたいなものだ。どこの国に行っても本屋に立ち寄る。ヨーロッパに限らない。ヴェトナムやアイスランドでも、読めもしないのに本を買ってしまう。これがスラヴ諸国となれば、さらに張りきる。山のように本を買ってはホテルのテーブルに積み上げる。もし郵送できる国だったら、せっせと小包を作っては郵便局に日参する。もし郵送が難しかったり、ちゃんと届く保証のない国だったら、仕方がない、自力で引っ張っていくべく荷造りをする。衣類など、いらないものは捨てる。そして力の限り本を運ぶのである。

ブルガリアは初めてだったので、いろいろな本を買った。当時は町の新刊書店がろくに機能しておらず、アカデミー付属の書籍販売部の他はたいしたものがなかった。目指すは古本屋と露店ということになる。露店はちょっとした広場などにまとまって開かれている。お祭りのときの金魚釣りやお好み焼きの代わりに、本がずらっと並んでいると考えていただきたい。九月の新学期が近いこともあり、辞書や教科書などは大量に並べられていた。

わたしとヒヨコが欲しいのは、古代スラヴ語に関する文献である。慣れないブルガリア語で売り子に尋ねる。

「古代ブルガリア語（ここではこの言い方がまだまだ主流）の本、ありますか？」

「教科書かい、それとも文法書？」

「教科書も文法書も」

売り子は、現代ブルガリア語もろくに話せないクセに、何だって古代ブルガリア語の本なんぞがほしいんだろうという顔をしながらも、親切に探してくれる。向こうとしては吹っかけているつもりなんだろうが、こちらにとってはどの本もものすごく安い。こちらが気前よく買うので、店員はニコニコだ。わたしたちの会ったブルガリア人は、少なくとも物を買うととても愛想がよくなるので、感じがよい。こうして、たとえばイヴァン・ドゥリダノフ主幹『古代ブルガリア語文法』（ソフィア、一九九三年）や、ステファン・ムラデノフ『ブルガリア語史』（ソフィア、一九七九年、一九二九年にドイツ語で出版されたもののブルガリア語訳）などを手に入れた。また、古代スラヴ語の校訂テクストでは『スプラシル写本』や『ボヤナ福音書アプラコス』を見つけた。その他にも、キリルやメトディーに関係する写本の写真を集めた、きれいなパンフなども買った。

こちらのインチキ・ブルガリア語は、本屋以外でも、レストランやキオスクなどでは別に困らなかった。目指す志が低いからである。しかしせっかくブルガリアにいるのだから、もう少しブルガリア語を聞いてみたい。しかし道行く人にいきなり話しかけるわけにもいかない（第一、そんなことしても話が続かない）。そこでホテルに戻ってからは、テレビがつけっぱなしとなるのである。

ブルガリアにもテレビ局がいろいろとあるが、ホテルでは三局が見られた。なぜか昼間は放送していないらしく、夕方六時頃から始まるところが多かった。番組自体は面白いものばかりとも限らないのだが、とにかくこの三局をとっかえひっかえ見た。特にニュースを読むアナウンサーのイントネーションには、注意して耳を傾けた。内容がどこまで分かっているか怪しいものであるが、それでもドイツ語放送よりは理解できてしまうところが不思議である（いやいや、これはわたしたちのドイツ語能力の低さを示しているにすぎないのかも）。

テレビは好きだが、ホテルの部屋にこもっているばかりではない。本を買う以外にも、もちろん町をせっせと歩く。博物館を見学したり、市場を覗いたりするのも好きだが、教会を見つけるとなるべく立ち寄ってみる。別に信者ではないのだが、教会の中では中世の世界が現代に生きているので、とても興味深い。特にブルガリアは東方教会なので、ロシアなどで馴染みのある様式がなんだか嬉しい。もちろん、まじめにお祈りをしている人の邪魔にならないように注意する。また、ほんの少しだが喜捨のつもりでロウソクを買って供える。だいたい出入口近くにある、小さなイコン画や宗教パンフレットなどを売っている購買部でロウソクを買う。

「ロウソクを一本」

「ロウソク」は現代ブルガリア語でсвещ〈スヴェシト〉という（ロシア語と違い、щはブルガリア語で〈シト〉と読む）。

ブルガリア、ソフィアにて。8月末で新学期が近かったため、青空古本市は活気があった。

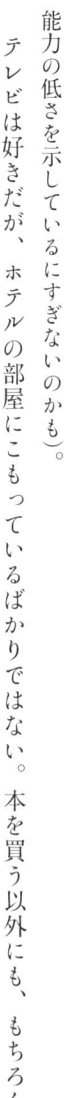

そういえば木村彰一『古代教会スラブ語入門』にこんな記述があったっけ。

「古代教会スラブ語は、分類上はスラブ語南方群のブルガリア・マケドニア圏に属する一方言を成立の基盤としている。そのように判断されるもっとも重要な根拠の一つは次の一点である。すなわちスラブ祖語の子音結合*tj、*djのこの言語における対応は、それぞれšt、ždであるが、この対応はすべてのスラブ語ちゅうブルガリア語（およびマケドニア語のある方言）にしか見いだすことができない。例：古代教会スラブ語svěšta《ろうそく》、ブルガリア語svešt, セルビア・クロアティア語svijeća, ロシア語sveča, ポーランド語świeca, スラブ祖語推定形*světja；（以下略）」

古代スラヴ語がブルガリア・マケドニア的特徴を持つことを示す有名な例で、どの教科書にもこの例が挙がっている。そうそう、ブルガリア語で「ロウソク」は〈スヴェシト〉だった。こんな文献学の常識のようなことをわざわざ確認する。これが現地に出かける価値でもある。

理想の中級パラレルテクスト

文法が一通り終わってから何を読むか？

語学のクラスで授業を受けているのなら、何も悩むことはない。先生が決めたテクストを地道に読んでいけばよい。というか、それしかない。強制的、と考えると楽しくないが、とにかく楽は楽である。

というのも、これが独学となると、何か適当な読み物を自分で探さなければならないのである。入門書を選ぶならともかく、自分のレベルにあった外国語テクストを自ら選ぶのはそう易しいことではない。また、授業の他に何か一人で読んでみたいと思っても、同じことで悩むことになる。

その言語で書かれた文学作品のうち、短編を選んで読むといい、という古典的発想がある。優れた作家による美しいことばで表現された文学を、原書で味わうのは確かに価値のあることである（それがすべてとも思わないが）。しかし、文学作品はふつう難しい。適当に読み飛ばすわけにもいかない。こういうものはしかるべき先生に付いて講読していくほうがよい。

学習者向けに注釈付きの読本とか、対訳本などもいろいろ出版されている。しかし面倒くさがり屋のわたしは、注や訳をいちいち参照するのがうっとうしくてたまらない。かといって何の助けもなかったら話の筋が分からなくなってしまう。わがままな注文である。

だったら、すでに内容をよく知っている作品を読めばよいではないか。このアイディアは別にわたしのオリジナルではない。たとえば神父さんには語学の天才といえるポリグロットが多いが、そういう人は聖書の各言語訳を読んで言語を学習していく、という話を聞いたことがある。なるほど、神父さんなら聖書の内容はすでによく知っているから、意味だけを追うのではなく、文法や語句にも注意を払いながら読めるだろうし、これはよい方法だ。しかも聖書だったら、まずどんな言語にも訳されている。

ところがわたしにはこの方法をそのまま当てはめるわけにはいかない。ひとつには聖書がどこでも格調の高い文語体に訳されており、現代語とはだいぶ隔たっている場合が多いということ。しかし何よりも、わたしが（キリスト教系大学に二つも通ったのにもかかわらず）それほど聖書に親しんでいないのが大きい。

でもこの方法は使える。別に聖書でなくていいのだ。好きなものを選べばいい。翻訳だってかまわない。ただし学習している言語に訳されていることが必要なことはいうまでもないが。

では何を読むか？　内容は楽しいものがいいのに決まっている。いくら各言語に訳されているからといって、『マルクス全集』を読む気はない（もちろんこれはわたしの趣味です。お好きな方はどうぞ）。わたしはどこの国に行っても、書店でお気に入りの作家を探す。あまりマイナーな作家だと訳されていない可能性もあるので、注意しなければならない。わたしが探すのはJ・D・サリンジャー『ライ麦畑でつかまえて』、ルイス・キャロル『不思議の国のアリス』、ギュンター・グラス『ブリキの太鼓』、フランツ・カフカ『城』『アメリカ』、イタロ・カルヴィーノ『まっぷたつの子爵』、ミハイル・ブルガーコフ『巨匠とマルガリータ』、カレル・チャペック『長い長いお医者さんの話』などの作品である。もっとも、これはわたしの好きな作品ということで、各言語版を買ってはいるが、それがすべて外国語の学習にふさわしいというわけではない。

わたしが学習するのはスラヴ諸語である。しかも一つでもたいへんなのに、いろいろと齧っている。出来れば多くのスラヴ系言語に訳されているものを、次々と読んでいきたい。しかしその場合、オリジナルのテクストはそのスラヴ諸語のうちのどれかでないほうがいい。スラヴ諸語はお互いよく似ている。オリジナルが、たとえばロシア語だとすると、ポーランド語でもチェコ語でも、似ているが故にロシア語法に影響されて、「不自然な」ことばになってしまっている危険性があるのだ。この意味ではさきほどの作家のうち、ブルガーコフやチャペックは相応しくない。

さらに厳しい条件をつける。

作家の文体があまり特殊でないほうがよい。グラスやカフカはそもそも難解なので、外国語学習教材には向かない。またことば遊びもほどほどにしてもらいたいので、ルイス・キャロルも避けたい。それに出来れば短くて区切りが多いのがよい。外国語で読書をするときには、いちどに大量には読めない。今日は二ページ、明日は三ページというように少しずつ区切って読めて、しかも内容が分断されなければそのほうが望ましい。

これほど厳しい条件をつけて、これをクリアするような理想のテクストは存在するのか？　それがある。

わたしが外国語、特にスラヴ諸語の学習のときに利用するのは、英国の女流作家スー・タウンゼンドのユーモア小説『エイドリアン・モール、13と3／4歳の秘密の日記』である。原題はTownsend Sue《*The Secret Diary of Adrian Mole Aged 13 3/4*》で、日本でも邦訳がでている（武田信子訳『モール君のおとなはわかってくれないPART1 13 3/4歳の秘密の日記』評論社、一九八五年）。
自称知識人である主人公モール君は、両親が別居したり、好きな女の子のことで悩んだり、いじめにあったりしながらも実にたくましく成長していく13と3／4歳の少年である。これだけ書くとなんだかとても暗いのだが、それはまったく逆で、読者は日記形式の淡々とした語り口に笑わずにはいられない。はじめのほうを引用しよう。

「1月2日（金）スコットランドでは休日　満月
今日は一日中むしゃくしゃしていた。おかあさんのせいなんだから。夜中の2時に階段の上で『マイ・ウェイ』なんか歌うんだもの。あんな母親を持ったなんて、あーあ、なさけない。両親がアルコール中毒にかかっている可能性は大ありだ。もしかすると来年はぼくは孤児院行きかもしれない」（前掲書、八ページ）

この作品は以前から気に入っていたのだが、スラヴ諸語にもいろいろと訳されていることは後になって知った。実はあるチェコ語のセミナーでこれを教材に使っているのを知り、へえ、懐かしいな、チェコ語でも読んでみたいな、と思って手に入れてからというもの、すっかりハマってしまったのである。文体も中学生が作文している感じなので、難しくないし、標準的である。それに日記形式なので少しずつ読むのにも向いている。なによりもこの作品にあふれているユーモアのセンスが、わたしに合っている。だいたい、わたしは軽薄な性格なので、シリアスなものは性に合わない。

この作品は世界中の多くの言語に訳されている。スラヴ諸語ではポーランド語、チェコ語、スロヴァキア語、クロアチア語、スロヴェニア語の各言語版を手に入れた。特にポーランド語版とチェコ語版は、同じ箇所を毎晩二〜三ページずつ、並べて読んでは楽しんだ。

しかし、モール君も13と3／4歳だし、大人びているのでなかなか難しいことを日記に書く。語彙も多い。いくら内容をよく知っているからといって、そう楽々と読めるわけではない。

そこでもう少し易しいのがいい、というときにはフランスのユーモア小説家ルネ・ゴシニの『小さなニコラ』シリーズがお薦めである。原題はSempé et Goscinny《*Le petit Nicolas*》、これが第一作目でさらに続編が四冊ある。これも邦訳がある（曽根元吉・一羽昌子訳『わんぱくニコラ（Ⅰ）（Ⅱ）』文春文庫、一九七六年）。ジャン＝ジャック・サンペのイラストがかわいい。

これはフランスの小学生ニコラ君が、家や学校でそのワンパクぶりを発揮する短編小説集である。ロシアにもノーソフの『ヴィーチャと学校友だち』というのがあるけれど、フランスのほうが比べものにならないほど悪ガキで凄まじい。

「さぼってはみたけれど」の最初の部分を引用する。

「きょうの午後、学校へいく途中でアルセスト（＝ニコラの友だち・引用者注）に出あうと、アルセストがぼくに『学校へ行かなかったらどうだろう』といった。ぼくは、アルセストに、それは、学校へいかないのはよくないことだし、せんせいはごきげんでなくなるだろうし、ぼくのパパはぼくに人生で成功して飛行機乗りになろうとおもうなら勉強しなくてはいけないといってたんだし、学校をさぼればママを心配させることになるし、うそをつくことはりっぱなことにはならないぞといってやった。するとアルセストが、きょうの午後はさんすうなんだぜといったので、ぼくは『よし』とこたえて、ぼくらは学校へいかなかった」

主人公が小学校低学年という設定なので、ことばが幼稚で文体もかなり口語的である。また「先生のお気に入り」とか「鼻に一発お見舞いする」などという、ふだんはあまり必要でない語や表現も多少はある（とはいえ、数カ国語でなんとなく覚えてしまったが）。それでも基本はまじめな作文形式なので問題はないと思うし、モール君ほど語彙がないので易しく読める。そしてこれも読んでいて本当に楽しいのだ。

大学生の頃にはフランス語の原書を手に入れて読んだことがある。これを読んでいると、まるでフランス語がうまくなったような気分になるので嬉しかった。錯覚もいいところで、他のフランス語ものは全然読めなかった。

この作品もスラヴ諸語にいくつか訳されている。いままで参加したセミナーの中で、ポーランドとスロヴェニアではこの『小さなニコラ』の訳を現地で見つけたので、午前中の授業のあとで昼食が済んでから、ベッドに寝転がっては毎日一、二編を読むことを日課とした。易しい基本語彙を復習するのにとてもよかったし、セミナーが終わる頃にはいつも読み終えるので達成感があった。この『小さなニコラ』はポーランド語版とスロヴェニア語版の他に、チェコ語版を手に入れた（スラヴ系の言語ではないが、その他にドイツ語版とフィンランド語版を持っている）。

どのテクストを選ぶかは、本人の好みである。わたしは自分に合った作品に出会うことが出来たので、あとはその訳を探すだけだ。見知らぬ国の本屋に行って、探すものがあるのも嬉しい。もちろんいつでもうまくいくとは限らない。しかし不思議なことに『モール君』も『ニコラ君』も、多くのスラヴ諸語に訳されている。やはり良質のユーモアはどこでも求められているのだろうか。

どうしてあの頃は話せたんだろう？

わたしの勤める大学は理系なので、ロシアに限らずスラヴ圏のさまざまな国から研究者や留学生が来ている。「ロシア語の教師のくせに、他のスラヴ諸語も少しは分かる、変な日本人がいる」という情報が流れ、ときどき珍しい国々からのお客さんがわたしの研究室を訪ねてくれるのは、とても嬉しい。

チェコ共和国のビルゼンといえば、世界的に有名なビールの産地だ。このビールの町から留学生が一人やって来た。例によって彼の専門はなんだかよく分からないが、気さくな青年で、わたしの研究室にときどき遊びにくる。

わたしの研究室に出入りしている学生も、このピルゼンの青年パヴェル君と仲良くなった。授業のあとで、学生の誰かが

「さっきパヴェル君と会いました」

「へえ」（こいつら何語でコミュニケーションしているんだろう？）

「で、あとで遊びに来るそうです」

「ほほう、そりゃ結構。ビールを冷やしておこうかな」

そう言いながら、わたしの心は大いに乱れまくる。さあ、頭をチェコ語に切り替えなくっちゃ。あわててチェコ語教材用テープを流し、脳みそのリハビリを開始する。しばらくするとパヴェル君が現れる。はじめはぎこちない会話をしているが、だんだんと慣れていき、ビールで緊張も解けて、口からチェコ語が滑らかに出てくる（ような気分になる）。別に緊張する相手でもないのに、チェコ語というとどうも肩肘を張ってしまう（ちなみにパヴェル君は英語ができる。そういえばスラヴ人と英語で話したことってないなぁ）。

海外留学経験のないわたしにとって、チェコ共和国はもっとも長期にわたって滞在した国かもしれない。この国で開催されたチェコ語のセミナーには二回（それぞれ一ヵ月）参加しているし、それ以外にもだいたい年一回はプラハに行く。

いくら勉強しても、ちっともうまくならないわたしのチェコ語。でも現地にいるときは、夜になるとビールを飲みながら、クラスメートたちとおしゃべりしてるんだけどなぁ。もっともクラスメートたちにしたって外国人だし、お互い怪しげなチェコ語を使ってはいるけれど。でも、いまになって思い返すと、けっこう複雑なことを言っていたのだ。

どうしてあの頃は話せたんだろう？

アドリアーナはスロヴェニアから来た女性だ。英語はまあまあできるが、日本語はほとんどダメ。初めて会った頃、わたしはスロヴェニア語をまったく知らなかったので、（申し訳ないが）彼女とはセルビア語で話していた。隣でヒヨコがスロヴェニア語を話すので、アドリアーナはそれぞれのために言語を使い分けてくれた。さぞや疲れたことだろう。

ところがあるきっかけから、わたしはリュブリャーナでスロヴェニア語を二週間だけ勉強してきた。ここの教育メソッドは本当に素晴らしかった。まったく何も知らないで授業に臨んだのに、元気で明るい先生がどんどん引っ張ってくれた。しかもそれがちっとも押し付けがましくない。そしてもっとすごいのは、全部で四クラスあるうち、わたしたちの先生だけの評判がいいのではなく、どのクラスの生徒も「うちの先生が一番」と思っているところだ。セミナーはどこでも最初にテストでクラス分けをするのだが、このクラスは合わないとか、自分のレヴェルには低すぎる（だいたいは見栄なのだが）など、不平を訴えるものが続出し、はじめの一週間は「民族大移動」が起こるのが常である。実際、わたしもある国で、どうしようもない英語オタクのおばさん先生に当たって、クラス変更は要求しなかったものの、授業に行かなくなってしまったことがあった。ところがリュブリャーナではそういうことがまったくなかった。やはり先生のレヴェルが高いからではないか。ちなみにどの先生も英語はすばらしくうまく（でも授業中はめったに使わない）、さらにいくつかの言語ができるという人もいた。国語の教師だから外国語はダメ、などという低い志ではないのだ。

二週間のコースが終わる頃には、けっこうスロヴェニア語が話せるようになっていた（ヒヨコに言わせれば、わたしは一言話すたびに間違えているそうだが）。帰りの飛行機の中で、わたしはこんなことを思った。「こんどアドリアーナに会ったら、スロヴェニア語でおしゃべりできるな」。

ところが残念なことに、帰国後しばらくは忙しくて彼女に会うチャンスがまったくなかった。そしてそれから数カ月後、キャンパスでアドリアーナにばったりと出くわした。

「ああ、どうも、元気？」

でも会話はそこまでだった。あれから時間も経過し、わたしの口からスロヴェニア語はもう出なかった。それどころか、スロヴェニア語学習の結果、それまで辛うじて保っていたわたしのセルビア語は完全に崩壊され、それすら話せなかった。そのあと英語でコミュニケーションをとりながらも、なんだかとても情けない気分だった（そう、スラヴ人と英語で話したのは初めてだった）。

どうしてあの頃は話せたんだろう？

ときどき、「ねえ、〇〇語でなんかしゃべってみてよ」とリクエストされる。

日本で外国語を話すなんて、英語でさえ稀だ。聞いたこともないようなことばが話せるというのなら、ちょっと聞いてみたい。それで挨拶表現のひとつでも覚えられたら、面白いではないか。相手はまったく悪気がない。素直な好奇心でいっぱいなのだ。だからどんなに不愉快であっても、怒ってはいけない。

でも、話すことはできない。

いや、本当にできないのだ。なにか言おうと思っても、頭に浮かんでこない。たとえ思い付いたとしても、いざ口に出してみればそれはなんだかとても嘘っぽくて、続けることが耐えられない。こういうとき、ことばはコミュニケーションの手段であることが身に染みて感じられる。相手がなくては話せないのだ。

つまり、そういうものなのである。

現地に行って、コミュニケーションするべき相手がいれば、なんとか話そうと思うのだ。もちろん、行けばなんとかなるというのではない。ただ、言語が話されている環境に身を置くことは、やはり大きなメリットなのである。これはわたしばかりではない。ヒヨコも「ポーランドにいたときは薬局に行って『ノンシュガーのトローチください』なんて、よく口から出てきたなあ」と言っている。日本じゃとても作文できない。

しかし、もし言語を駆使してお金を稼ごうというのであれば、それではだめだ。通訳は、ある言語が話されている環境の外で、その言語を使いこなす能力がなければ、仕事にならない。留学経験がいくらあっても、また自分のコミュニケーションにはまったく困らなくても、それと通訳の仕事は違う。そういう意味で、わたしにとって仕事になる言語は、辛うじてロシア語だけである。

あとは、現地に行ったら思い出す、という程度だ。そう、ひとたびきちんと勉強しておけば、ことばはまた蘇る。そう信じて、ときどき教科書を読み返す。

そう分かってはいるのだが、やっぱり不思議だ。

どうしてあの頃は話せたんだろう?

さまざまな言語のクリスマス・カード

スラヴ諸国のセミナーでいっしょに勉強したり、国際会議などで知り合ったヨーロッパの友人たちは、十二月になるとクリスマス・カードを律義に送ってくれる。みんな筆まめである。

カードにはさまざまな言語で挨拶のことばが書かれている。ロシア語、チェコ語、ポーランド語、スロヴェニア語、ウクライナ語、ベラルーシ語……書いてあることはだいたい決まっているので、理解できないという心配はない（ものすごく読みにくい字で書いてあって、どうにも困ることはあるが）。返事は原則として相手と同じ言語で送る。したがって年末の忙しい頃、茶の間のテーブルにいろいろな辞書を広げて、ウーンと悩みながら作文をすることになる。

カードが送られてくる国と、書かれている言語は必ずしも一致しない。むしろずれていることのほうが多い。お互いの共通語はいっしょに勉強したスラヴの言語。イタリア人がスロヴェニア語で、スペイン人がチェコ語でカードを書いてくる。しかし、これはなにも非スラヴ人ばかりではない。チェコ人やマケドニア人がポーランド語で、ポーランド人やベラルーシ人がスロヴェニア語でカードを送ってくれる。これってなんだか変かもしれない。チェコ語が分かるのなら、チェコ人とはチェコ語で文通すればいいのではないか？　そう、そうかも知れない。でも、それはそれで不自然な気もする。だって、ポーランドで知り合ったチェコの友人たちとは、いつでもポーランド語でおしゃべりしていたのだから。いまさら言語を変えるほうがなんだかおかしいではないか。

人とことばの関係は不思議なものだ。共通語はふとしたきっかけで決まってくる。この民族とはこの言語でコミュニケーションをしなければならない、という決まりはない。英語ならばごくふつうにおこなわれていることが、スラヴ諸語だからちょっと目立つだけの話なのである。

たとえば、ポーランド人とはポーランド語でカードをやりとりしたほうがいいのか？　そんなことはないと思う。もっとも、相手を密かに語学の先生に仕立て上げ、手紙の添削をしてもらおうというのならば、話は別だが。でも、それはおかしいでしょ。わたしと友人たちはそういう関係ではない。

語学学習に一生懸命になるあまり、何かを見失っている人がときどきいる。

まあ、向こうにしても、遠いアジアの日本人と英語以外の「マイナーな」外国語で文通しているのが面白いんだろうが。

英語やフランス語などの「メジャー」言語が、国際会議の場などで民族を超えた共通語になることはしばしばあり、また違和感もない。しかしこれがスラヴ系の言語となると、意外な気がするかもしれない。ところがわたしのような分野では、そういうことはもちろん珍しくない。

さる国際会議にて。朝食のとき、ホテルのレストランは会議参加者用にテーブルを用意してくれた。わたしはすでに三人の学者が席についているテーブルの、残った四番目の席に着いた。学者たちはコーヒーを飲みながら、ポーランド語で何やら議論をしている。まったく、朝っぱらから専門の話なんかして、他に話題はないのか？　でも、けっこう面白いテーマだなあ、などと思いながら黙って朝食をとっていると、そのうちの一人が、「で、君の意見はどうだね？」とこちらに話題を振ってきた。わたしは大いにあわてながら

「あの、議論の内容はよく分かったのですが、その、どうもポーランド語はあまり得意ではないので（当時はセミナーに参加する前だった）、ロシア語で意見を述べてもよろしいでしょうか？」

すると三人とも「どうぞどうぞ」とばかり、全員ロシア語に切り替えてくれた。スラヴ関係の会議では、ロシア語が共通語ということも多い。

しかしロシア語以外が共通語ということだってある。さらに一人でいくつもの言語が扱える人もいる。ミンスクの国際会議で知り合った、ザルツブルクのスラヴ語研究者は、初めて会ったときはベラルーシ語で話していた。ところが後にウクライナで会ったときはウクライナ語、ポーランドではポーランド語というように、いつでも現地のことばでにこやかに話しかけてくれる。それに答えるこちらも楽ではない。こういう人も珍しくない。まあ、スラヴ世界と付き合っているのだから、当然といえば当然なのだが。

つまり、英語ばかりが共通語ではない世界があるのだ。これはこれでけっこう楽しい。そしてみんな、それを誇りに思っている。

こうして国籍と言語がバラバラのまま、わたしたちのコミュニケーションは続いている。今年もスラヴの国々から、別のスラヴの言語で書かれたクリスマス・カードが届く。ちょっと文法が怪しいことばを添えて。

あとがき

あるとき、研究室で理系の学生たちとビールを飲みながらおしゃべりしていたら、そのうちのひとりがわたしに質問した。

「先生、ここって先生の研究室だけど、ここで研究することってあるんですかあ?」

夜の語学学校で教えていたとき、授業のあとでまじめな社会人の生徒さんが尋ねてきた。

「先生は授業のない昼間、いったい何をしていらっしゃるんですか?」

わたしがいちばん初めに入学した、ロシア語とは関係のない大学時代の友人たちは、人の顔を見ればこんなことを言う。

「おまえってそもそも、ふだん何を考えてんだ?」

だからこの本は、次の三つのカテゴリーの人びとを頭に浮かべながら書いたのである。すなわち、

①外国語・外国文学が専攻でない大学生。
②スラヴ諸語を勉強している社会人。
③スラヴ世界とはなんの関係もないさまざまな人びと。

こういう人たちに、わたしが何を面白がっているのかをお伝えしようというのが、本書の目的である。特に高校生がこれを読んで、ロシア語などに興味をもってくれたらと願っている。もちろん、それ以外の人も楽しんで読んでくれたら、著者としてはとても嬉しい。

語学を研究している、というのはどうもイメージしにくいらしい。これが文学となると「なんだか立派なんだ」と暗黙のうちに尊敬してくれる。ところが語学の場合は「ああ、通訳ですね」とあっさり片付けられてしまう。確かに、通訳は語学を生かした代表的な職業である。とはいえ、それ以外の分野もあるんですよ、ということを分かってほしい。

ここに書かれていることは、そのほとんどが専門家ならだれでも知っているはずのことであり、とくに新しい発見というものは何もない。ところがいざ書き始めてみると、なんだか自分でもよく分かっていないことがいろいろと発覚し、あわてて調べ直したり、新たに勉強したりした。頼りない著者である。

これからは、はじめに挙げたような質問をされたら、この本を読んでねと言おう。その上でやっぱりわたしのやっていることがよく分からないと言われたら、うーん、また考え直さなければなるまい。

ロシアをはじめとしたスラヴ諸国の文化は、世界に誇れるすばらしいものなのに、日本では西ヨーロッパなどの影に隠れてどうも見えにくい。まるで羊皮紙の中に眠るパリンプセストのようだ。本書

の題名『羊皮紙に眠る文字たち』はそのようなイメージでつけた。もちろん、いつか必ず「目覚める」日が来ることを期待しているのだが。

本書は基本的には書き下ろしだが、第四章の「静かなるベラルーシ語」だけは『東京工業大学クロニクル』(No 292, 一九九五年)に発表したものを大幅に手を加えてここに収めた。

本書を書くにあたって、東京工業大学大学院生のこばやしひろゆき君には技術面でいろいろと助けてもらった。彼は優秀なエンジニアで、機械音痴のわたしは彼無くしては何もできない。パソコンを買うときにも「要するに先生は何をしたいんですか?」と聞くので、「コタツで文章を打ちたい!」といったら、ちょっと考えてから小さくてなかなか便利なミニノートパソコンを選んでくれた。そのお陰でこの本を書くことができたのである。

現代書館の編集の吉田秀登さんはわたしと同い歳とは思えないほど落ち着いた方で、わたしのオッチョコチョイな間違いをいつも静かに訂正してくださった。「わたしはこのようになさいますことをお勧めいたします」と丁寧に提言されると、なるほど、正しい日本語とはこういうものかと感心してしまった。やはり苦労人は違う。

***

『羊皮紙に眠る文字たち』は一九九八年に現代書館から出版された。このたび書名を『羊皮紙に眠る文字たち再入門』と改め、白水社より増補版を上梓することになった。今からすれば古い箇所もあるが、本文の訂正は最低限に抑えてある。

『羊皮紙に眠る文字たち』以来、いろいろな本を書いてきた。ある読者から「黒田先生の著作の中では『羊皮紙』だけが他と違いますね」と指摘されたことがあった。今回改めて読み返してみると、そういう部分がないわけではないが、それでも間違いなくわたしの文体である。その証拠に、校正段階で誤植があると、原本と突き合せてみなくても、違和感があるのですぐわかる。

追章として「ギリシア語通信」を加えた。本文とは直接的な繋がりはないが、古典語のすすめというつもりで収録した。実際これを読んだゼミ生たちは、自ら進んでギリシア語を履修している。読者の方にも楽しんでいただければ嬉しい。

二〇二一年一二月

黒田龍之助

追章

ギリシア語通信

大学でギリシア語

二〇一八年から久しぶりに大学に勤めるようになった。今度は外国語大学である。教壇に立つことは、大学を辞めた後も非常勤講師としてあちこちで教えてきたから、あまり変わらない。変わったのは、研究室（といっても研究は相変わらずしていないが）に学生が集まってくる日々が、再び始まったことである。

木曜日の昼休み、真っ先に来るのはたいていゼミ生のジュリアンだ。物静かな彼は奥に設置したカウンター席にノートを広げ、立ったまま何かじっと考えている。しばらくすると、もう一人のゼミ生プリンツが現れる。どちらも英米語専攻の三年生。だが取り組んでいるのは英語ではない。

古典ギリシア語である。

二人のぼそぼそと話す声が聞こえる。ここの格は何かな。この動詞の形が分からない。質問するのはたいていプリンツで、それに答えるのがジュリアン。しばらくするとプリンツが天を仰ぎながら、吐き出すように呻く。

「ああ、あの××め！」

伏字部分には、中世以降のヨーロッパで、魔術を使って悪霊を呼び出すなど、社会に害悪をもたらすものとして異端視された女性を意味する語が入る。どうやら古典ギリシア語の先生にあだ名をつけたらしい。失礼極まりない話だ。でもまあ、陰でいうぶんには見逃してやるか。

黒田ゼミではゼミ日誌ともいうべきノートをオンライン上で交代に書いているが、担当者はさらに外国語に関するエッセイをまとめるのが習慣となっている。あるときジュリアンは、古典ギリシア語についてこんなことを書いた。

「××」は毎週、希和翻訳の課題を出していました。この課題が、現代語であれば受け入れられる（ことが多い）「なんとなく、こんな感じかな♪」というフワフワした訳出では全く通じないツワモノばかりだったのです。というのも、その例文中にある全ての語の「性・数・格」を調べあげなければ、きっちりとした翻訳ができないからです。これには毎回ヘトヘトになりました……。

古典語の例文なんて、いまどきキーワードで検索すれば訳が簡単に見つかる。しかし授業では、例文中の一語でも「性・数・格」が間違っていれば、教師から厳しいツッコミが飛んでくる。その恐ろしさは、生意気盛りの大学生が震え上がるほどだ。これに備えるため、ジュリアンとプリンツは昼休みのわたしの研究室で、全ての語の文法の形を死に物狂いで確かめていたのである。

それでいい。

それが古典語学習というものだ。

思えばわたしもまさに外国語学部三年生のとき、「古代ロシア語講読」といっしょに「聖書ギリシア語」の授業を取っていた。あのときの火曜日は確かに「フィロロジックな午後」で嬉しかったが、そのためには必死で準備をしていたのである。

＊＊＊

『羊皮紙に眠る文字たち』を上梓してから二〇年が経過した。この間にいろいろな科目を担当してきたが、中世ロシア語や古代教会スラヴ語を教えることはついになかった。本文中にも書いたが、これらの言語を学ぶためには、現代スラヴ諸語の十分な知識が求められる。裏を返せば、ロシア語やチェコ語などを専門的に勉強していない限り、中世ロシア語や古代教会スラヴ語を勉強すること自体がナンセンスなのである。

だがギリシア語は違う。古典ギリシア語も聖書ギリシア語も、現代ギリシア語の知識がとくになくても勉強できる環境が、日本ではすくなくとも常識ある文系学部なら整えられているのである。何か古典語を学んでほしい。別に古代教会スラヴ語ではなくとも、ギリシア語だっていい。

いまわたしが応援すべきは、英語の検定試験のスコアを上げることに心血を注ぐ実利主義者ではなく、一見役に立たなそうな古典語に真摯に向き合って、「正しい」大学生を経験しようと藻掻いている学生ではないか。

そこで『羊皮紙に眠る文字たち再入門』の追章として、「ギリシア語通信」を掲載することにした。これは先ほども紹介したオンライン上のゼミ生限定サイトに、細々と連載していたものである。世界中に感染症が蔓延する中、ジュリアンやプリンツの後輩ゼミ生に向けて半年はラテン語、半年はギリシア語の話をそれぞれ書いてきた。このうちラテン語については、『外国語の水曜日再入門』に収録してある。

ラテン語と同様に、ギリシア語についてもわたしはズブズブの素人である。それでも多くの人に興味を持ってもらいたいと願いつつ、恥を忍んでここに公開する。

ここから興味が広がって、古代教会スラヴ語まで進んでくれれば、さらにそのためにはロシア語をはじめとするスラヴ諸語を学んでくれればという気持ちが、正直なところないわけではない。だがそれよりも、まずは英語とは文字も文法も違うこの古典語に触れて、It's Greek to me. という慣用句を実感してもらいたいのである。

(本文中に出てくるдядя「ヂャーヂャ」とは、ロシア語で「おじさん」のこと。わたしは自分のことをゼミ生にдядяと呼ばせている)

ギリシア語通信1

「こんな文字、見たこと…ある！」

ご存じのようにдядяはロシア語教師です。かつて外国人向けのロシア語初等読本、つまり文法がひと通り終わった頃に読む教材の中で、不思議な逸話を読みました。

フランスの作家コンスタンは子どもの頃、外国語の勉強が大嫌いでした。そこで先生は「新しい言語」を作ろうと誘います。はじめに先生が文字を考案し、それから二人で単語を、さらには文法を作っていきました。素晴らしく豊かな言語ができ上がり、コンスタンはしっかりマスターしたのですが、後に彼はこれが新しい言語でないことが分かります。実はギリシア語だったのです……。

そんな〜、ウソでしょ〜、愛媛の水道からポンジュースが出てくるってくらい、信じらんな〜い。小説家バンジャマン・コンスタンはフランス革命期からナポレオン時代に活躍しました。それにしても十八世紀のフランスは、ギリシア文字がそんなに縁遠かったのでしょうか。物理や数学では、ギリシア文字に出合わなかったのかな。

一方で教師の立場からすれば、子どもがお遊びで作ったと信じている言語が実在のものだったというエピソードに、ちょっと憧れます。外国語に興味のない学生を相手にメタ言語を作ってみせたけど、実はこれがロシア語でした、なんてね。とはいえ情報が氾濫する現代では、ロシア語どころか、たとえアムハラ語（すてきな文字なんですよ）

でも見破られそう。

そもそもギリシア文字は、日本でもときどきお目にかかります。プラスアルファ（α）といえば何かの付加価値。昔のビデオにはベータ（β）

方式というのがあって、黒田家はこれだったためVHSに負けて後に買い直しました。最近ではガンマ（γ）GPSの数値で肝機能が測定され、お酒の大好きなдядяは健康診断のたびに苛められています。気がつけばギリシア文字はずいぶん身近です。

＊＊＊

この通信では、以前のラテン語に続いてギリシア語の話をしましょう。何を隠そう、дядяとギリシア語は関係が深いのですよ。(дядя)

ギリシア語通信2

「出合いは円周率から」

子どもの頃から文系でした。

こういう表現をして叱られたことがあります。理系とか文系とか、そういう分け方がそもそも古いんだと。

ではいい直しましょう。子どもの頃からдядяは理科や数学が苦手でした。これは歴史的事実です。

その一方で、物語とか文章は大好きで、さらに文字も好きでした。漢字は魚偏ばかりをデザインした湯飲みが憧れで、寿司よりそっちに魅かれましたね。

理科や数学でも記号だけは好きでした。cmとかdℓとか、上手に書けると無性に嬉しかったものです。中でも最高に刺激的だったのが、円周率のπでした。

これ、どうやって書くんだろ?

それまでに習った記号はラテン文字ばかり。最初は神秘的な形でも、ローマ字を覚えれば音も分かります。l（エル）は日本語のローマ字表記では使いませんが、英語の絵本なんか覗けば、あちこちにあるから珍しくない。

だけどπは円周率の他に見たことがなく、どんな音なのか、そもそも音があるのか、誰も教えてくれません。おかげでπはいつまでも神秘的でした。

今ではπがギリシア文字で、音は/p/を示すことを知っています。後にロシア語を学び、πの文字を目にしたときは、懐かしい知り合いに再会したかのようでした。

もっともдядяが理解できるのはπが限度で、理科や数学で習うその他のギリシア文字、たとえばΣとかλとかは、いまだに何だかわからないままです。目指したのはどうすればバランスよく書けるかだけ。とくにλは、気をつけないと漢字の「入」になっちゃうんです。だから上下に曲線をつけたりして、カッコよくするように気を遣っていました。

ところでдядяの出身小学校は略称「入2（いりに）小」っていうんですが、これってλ2に見えなくもないですよね。小学校はラムダ・ツーなんて、ちょっとカッコいいかも。

こういうことを面白がっているのが文系、おっと、理科や数学の苦手な子どもだったдядяの、現在の姿なのです。

（дядя）

ギリシア語通信3

「そもそもギリシア語って？」

新たに始めた「ギリシア語通信」、アリョーシャ幹事長とマリーナ前幹事長が、さっそく黒田表ゼミのGoogleドライブにアップしてくれました。ありがとう。

そのファイルですが、よく見れば「ギリシャ語通信」。それなのに、ここでの表記は「ギリシア語通信」。

いえ、別に正解はないのです。ただラテン語と違い、「ギリシア語」「ギリシャ語」「ギリシヤ語」など、いろいろある点には注意しましょう。

それだけではありません。一口にギリシア語といっても、古典ギリシア語もあれば、現代ギリシア語もありますよね。だからギリシア語とだけいわれても、正確には分からないはずなのですが、一般には古典ギリシア語を指すことになっています。

言語学には「有標」「無標」という考え方があります。「標」とはマークのことで、二つを区別するとき、特徴をより示す必要のある片方だけにマークをつけ、もう一方には何もつけない。たとえば「孫」は無標ですが、女性を示すには「孫娘」といいますよね。少数派にマークをつけることが多いです。

言語名の話に戻れば、大学の講義科目でギリシア語といえば、まず間違いなく古典ギリシア語のことで、そもそも現代ギリシア語の開講は非常に限られているのが現状です。だから現代ギリシア語には、「現代」というマークをつけて区別します。

дядяは大学三年生のときにギリシア語を履修しました。現代ギリシア語ではありません。では古典ギリシア語なのかといえば、実はそれも違うんですよね。

科目名は「聖書ギリシア語」でした。

当時、дядяが学んでいたのはキリスト教系の大学で、そこの神学部で開講されている科目でした。聖書ギリシア語はその名のとおり、聖書（新約聖書）が書かれた言語です。文法としては古典ギリシア語とほぼ同じですが、双数形は使わないなど、一部に違いがあります。例文はすべて聖書からの引用ですから、意味は分かるんですよね。ところがそれだけでは済まないのが、古典語学習なのです。

次回は聖書ギリシア語の授業の思い出を書きます。

（дядя）

「旧仮名遣いの教科書」

дядяがギリシア語を履修したのは、大学三年生でした。外国語学部は二年生までが「修業期間」で、毎日厳しく専攻語の授業がありますが、三年生になれば自分の興味に合わせて、好きな授業が選べるようになります。友だちはソヴィエト経済論とか、就活に役立ちそうな授業に行きましたが、дядяはそういう科目には目もくれず、マイナーな授業ばかりに出席していました。

とはいえ聖書ギリシア語の第一回授業は、三〇人定員の教室が満杯になるほどの盛況ぶり。やっぱり気になる科目なんですね。ところが担当の先生が凄かった。

「教科書は全四〇課ですが、毎回三課ずつ進みますので、前期には基本文法が終わります」

そりゃいくらなんでも無理でしょうと、心の中で思ったんですが、先生は厳格な神父さんで、本当に一回に三課ずつ進むんです。あっという間に人数が減り、神学部は全滅、残ったのは外国語学部と文学部の学生ばかり。その残った学生も必死ですから、授業の前日に図書館で予習をしていて、ふと顔を上げれば、周りで勉強しているのはギリシア語のクラスメートばかりということもありましたね。

さて、その教科書。玉川直重『新約聖書ギリシヤ語独習』は初版が一九三二年。授業で指定されたのは戦後に出た新版ですが、中身はほぼ昔のままで、旧仮名遣いのうえ、漢字も昔風。「符號」「發音」「變化」といった画数の多い漢字が登場し、説明は「此の變化は名詞變化の基本となる大切なものである。讀者は自由にその格と數とを指摘し、又は唱へ得るにいたるまで習熟せられるべし」といった調子。しかも古いものだから活字が潰れている。日本語を読み解くだけで一苦労なのに、これが一回に三課ずつ進むのですから、心が折れそうになります。

この教科書に登場する、記念すべき最初の聖書ギリシア語文はこういうものです。

ὁ Θεὸς ἀγάπη ἐστιν.　神は愛である。

ああ、われわれギリシア語受講生は、神の愛によって報われる日が来るのでしょうか。

(κτλ)

「倫理をわきまえた記号」

高校時代のдядяは勉強に興味がなく、成績も酷かったんですが、あるとき倫理の期末試験で、クラスのトップになってしまいました。その原因は、クラスメートが他の重要科目に力を注いでいたのに、要領の悪いдядяは満遍なく勉強しちゃったから。友だちから「倫理なんてガンバってどうすんのよ?」っていわれましたね。

でも科目としての倫理って、つまりは哲学。昔の人がこんなこと考えていたとかは、けっこう面白い。

さらに独特な用語も楽しい。たとえば「アガペー」。神の人間に対する愛とか、そういう考え方もさることながら、「アガペー」っていう単語の響きが気に入りました。

ὁ Θεὸς ἀγάπη ἐστίν. 神は愛である。

前回紹介した文の中で、ἀγάπηが［アガペー］です。αはアルファ、γはガンマ、πは円周率のパイですから簡単。ηが長いエーというところが新しいけど、まあ分かります。

ところがἀγάπηには小さなテンが二種類ついていて、これがゴミじゃないんです。二番目のάについているテン、これはアクセントの位置を示します。こんなのはロシア語にもあるから驚きません。前後の単語との関係で無アクセントになると、テンの打ち方が、に変わるから大変です。

面倒なのは最初のἀについているアポストロフィみたいなテン。これは気息記号といいまして、᾿はhの音が伴わないことを示します。

一方、ὁ Θεόςのὁには῾という逆向きのアポストロフィがついてるんですが、見えますか。これはhを示します。だからὁは「ホ」と発音するのです。なんなんでしょうね。「ホ」より「へ？」っていいたくなる。

こういう記号は、正しく読むため後に発明されたものです。アリストテレスἈριστοτέλης やホメロスὍμηροςが使っていたわけではありません。でもせっかく学習者のために作られたのですから、ちゃんと理解しましょう。大文字にアクセント記号や気息記号をつけるときは、このように文字の左上に書きますが、そもそも大文字と小文字の区別って、新しいものなんですよ。

ということで、日頃から倫理的に問題な発言を繰り返すдядяですが、神はともかく、ギリシア語への愛はいまだに続いているのでした。　（дядя）

「ゼミ生はロシア語がほぼ必修」

倫理の試験で一回だけクラスのトップだったからといって、その後のдядяが哲学書を読み漁る高校生になったわけではありません。アリストテレスἈριστοτέληςはギリシアの哲学者だけど、それ以上は何も知らない。その程度だったのです。

とはいえἈριστοτέληςというギリシア語の綴りは、おそらく高校生の頃から読めたはずです。いや、黒田ゼミ生だったら、表生も裏生もだいたい読めるのではないでしょうか。

理由はロシア語と似ているから。

たとえば二番目のρがロシア語のр、終わりから三番目のλがлであることは簡単に類推できます。ちなみにロシア語ではАристо́тель、英語はArsitotleと表記します。昔からロシア語に熱中していたдядяは、こういうのが面白くてたまりませんでした。

ロシアは正教会を始め、多方面からギリシア文化の影響を受けていますが、文字もその一つ。ロシア語を書き表すキリル文字は、ギリシア文字の影響を受けながら作られました。

だから本家本元はギリシア文字のほうなんですが、ロシア語がほぼ必修という黒田ゼミ生は、キリル文字からギリシア文字を覚えるという離れ業ができますよね。

その前にラテン文字から類推のつきそうなものを拾ってみましょう。大文字と小文字が並んでいます。カッコ内はラテン文字です。

Α α (A a), Β β (B b), Ε ε (E e), Ζ ζ (Z z), Ι ι (I i), Κ κ (K k), Μ μ (M m), Ν ν (N n), Ο ο (O o), Τ τ (T t).

小文字はζや μや νなんかけっこう形が違いますが、大文字は差し当たり同じです。

次にキリル文字で似ているものを挙げましょう。カッコ内がキリル文字です。

Γ γ (Г г), Δ δ (Д д), Λ λ (Л л), Π π (П п), Ρ ϱ (Р р), Φ φ (Ф ф), Χ χ (Х х).

合わせて十七文字。ギリシア文字は二十四文字ですから、残りはたった七文字。ずいぶん整理されました。

いくらἈριστοτέλης が読めても、それだけでは賢い高校生とはいえません。そもそもアリストテレスが「アリス」と「テレス」の二人組かと勘違いしそうなくらいおバカでした。藤子不二雄じゃないんだから。そんな奴がクラスのトップだなんて、かなり問題な高校ですよね。 (дядя)

ギリシア語通信7

「神のдядяは沈まない」

アリストテレスἈριστοτέληςには二つの「ス」があります。ラテン文字で表せばsですが、いくらギリシア文字を眺めても、それらしき同じ子音字を二つ見つけることができません。

ギリシア文字では、sを表す文字が二種類あります。一つはσで、もう一つはςです。このうちςは語末で使い、それ以外ではσ。ちょっと面倒ですよね。ただし位置によって形の違う文字はこれだけ。よかった。

そういえばギリシア人の名前って、最後にsがつきますよね。アリストテレス、ソクラテス、ホメロス、ディオゲネス、いくらでもあります。

人名だけではありません。地名でも、たとえばトラキアにセストスという古代都市がありましたが、ギリシア文字で表記すればΣηστόςです。最初のΣはσやςの大文字ですから、この都市名には三つのsが含まれているわけです。それぞれ形が違っていて負担ですが、ςだけはsに似てますから、難しくないですね。

大文字と小文字の使い分けは後の時代のものであることは、すでにお話ししました。ギリシア語の教材は、古典ギリシア語でも聖書ギリシア語でも、地名や人名といった固有名詞は大文字で書き始め、一方で文頭は小文字というのが一般的なようです。

ただし微妙な単語もあります。

ὁ Θεὸς ἀγάπη ἐστίν.　神は愛である。

дядяが勉強した旧仮名遣いの聖書ギリシア語入門書では、「神」がΘεόςのように大文字で始められていました。ですが他の教材を見てみますと、たとえ聖書ギリシア語でも、θεόςのように小文字になっています。

θはIPAつまり発音記号でも使い、thinkのthの部分を示します。ただしこれは聖書ギリシア語式の読み方。古典ギリシア語ではθがtで、ὁ θεόςは［ホ・テオス］です。微妙な違いにご注意を。それ以前に、英語で/θ/と/s/を間違えると、I sinkになっちゃいますから、こちらもご注意を。

ちなみにギリシア語で「おじさん」はὁ θεῖος［ホ・セイオス］です。形容詞として使えば「神の」。ギリシア語の「おじさん」は何と偉いのでしょうか。神田と神戸の二つの「神外大」で教えているдядяですから、今後はこれを使いましょう。

(ὁ θεῖος)

「教師も悩んで大きくなった」

昭和時代の話をしましょう。野坂昭如という作家がいまして、執筆の他にもタレントとして活躍していました。サントリーゴールドというウイスキーのテレビCMでは「ソ、ソ、ソークラテスか、プラトンか、ニ、ニ、ニーチェか、サルトルか、みーんな悩んで大きくなった」という変な歌を歌っていましたね。

ソクラテスはΣωκράτηςと表記します。Ωωは［オー］、Ηηは［エー］、どちらも長母音ですから［ソークラテース］です。ωは長くてοは短い、またηは長くてεは短いと区別できます。一方で、αやιは長かったり短かったりするので、教材ではαやιの上に横棒を記して、長音を示すことがあります。

前回、最後が「ス」で終わるギリシア人を挙げましたが、長音をしっかりと区別するのでしたら、Ἀριστοτέληςは「アリストテレース」、Ὅμηροςは「ホメーロス」、Διογένηςは「ディオゲネース」という表記の方が原音に近い。実際、ギリシア語の教材ではこのように表記していることが多いです。

一方で、倫理の教科書に登場するギリシアの哲学者たちは、ソクラテス、アリストテレス、ホメロス、ディオゲネスのように、長音を使わないのが慣習です。野坂昭如は、音符の関係で「ソークラテス」のように部分的に長音で歌ったわけです。プラトンにしてもΠλάτωνですから、「プラトーン」という表記の方が原音に近いことになります。ギリシア人の名前は「ス」だけでなく「ン」で終わるものもありまして、ギリシア神話に登場し、星座名にもなっているオリオンはὨρίωνですから「オーリーオーン」（ιは隠れ長音）なわけです。

ギリシア語の先生としては長短の区別をしっかりつけてもらいたいから、日本語表記でもソークラテースにしたいでしょう。気持ちはわかるんですが、いちど定着してしまったものを改めるのは難しいんですよね。

そのくせ、スロヴェニアの首都をリュブリャナと表記するのは許せないὁ θεῖος。やっぱりリュブリャーナでしょう、短いのはセルビア・クロアチア語式、でも今じゃスロヴェニアは独立国じゃん！

勝手なものですよね。

（ὁ θεῖος）

「ソピア大学ではありません」

なんでもそうでしょうが、覚えるためには自信が必要なのではないでしょうか。文字の場合、読み方が一定でないと不安で、そうなると記憶に定着しない気がします。

Υυは［ユ］を示します。κύριος「主人」は［キューリオス］（υは隠れ長音）という発音になる。これはいいですね。

ところが組み合わさると事情が変わります。たとえばαυは《アユ》じゃなくて［アウ］、ευは《エユ》じゃなくて「エウ」になります。ギリシア神話に登場する全知全能の神Ζεύςは［ゼウス］です。くり返しますが、υだけでは「ユ」であって、［ウ］ではありません。［ウ］はουで示します。υはその前後に気をつけながら発音しなければならないわけです。

音は時代によって変わります。現代語なら今の音だけ学習すればいいですが、古典語となりますと、時代によって読み方が変わってくることもあって、気を遣わなきゃならない。

たとえばθεός「神」は古典ギリシア語では［テオス］ですが、聖書ギリシア語では［セオス］と読みます。

σοφία「知恵」は古典ギリシア語では［ソピアー］（αは隠れ長音）だそうですが、聖書ギリシア語では［ソフィア］です。

たいした違いではないのですが、聖書ギリシア語を学んだὁ θεῖοςとしては、［テオス］とか［ソピアー］とか聞くと、なんだか落ち着きません。

ὁ θεῖοςが聖書ギリシア語を学んだ大学は、英語でSophia universityといいます。校章にはギリシア文字でΣΟΦΙΑと表記されているのですが、必ず「ソフィア」です。そのせいか、古典ギリシア語風の読み方は、正直なところ馴染みにくいところがあるんですよね。

さらにロシア語をやっている故に馴染みにくいのがχです。ἀρχή「始め」は古典だけじゃなく、聖書ギリシア語でも［アルケー］と読む教材が多いですが、χはхорошоのхに見えちゃうから、［アルへー］って読みたいんですよね。だから［アルへー］って説明してある聖書ギリシア語の教材を見ると、嬉しくなっちゃう。

まあ、何事も臨機応変に。ギリシアの数学者Πυθαγόραςはピタゴラスで、さすがに［ピュサゴラス］じゃないですから。

（ὁ θεῖος）

「デラッξなポテトチッψ」

ギリシア文字には二重子音と呼ばれるものがあります。

ξは「クス」と読みます。「外国人」や「旅人」はξένοςで、発音は［クセノス］です。英語のxenophobia「外国人嫌い」は、ここから来ているのですね。

もう一つ、は［プス］で、ψυχήは［プシューケー］（υは隠れ長音）と読み、はじめは「息」、それから「魂」を意味するようになりました。こちらはpsycho-「精神、心理」を意味しており、psychology「心理学」などで見かけます。

「ク」や「プ」や「ス」はそれぞれ文字がありますから、それを組み合わせれば「クス」も「プス」も充分に表せます。それなのにξやψといった文字が独自にあるのですから、面白いような、無駄なような。そういえば、日本語でも〼と表記し「ます」と読ませることがあって、「あり〼」なんてていう看板や貼紙を見かけますが、ちょっと似ているかな。

英語ではξがx、ψがpsに対応しますが、xenophobiaは［ゼナフォビア］、psychologyは［サイコロジー］ですから、元の音は残っていません。

***

これで二十四のギリシア文字すべてを紹介しました。ロシア語教師のせいか、文字にはついつい時間をかけてしまいます。

実をいえば、古い時代のロシア語ではξもψも、さらにはθやνやωも使われていました。大学院で中世ロシア語をやっていたό θεῖοςには、だから馴染みがあるのでした。

他にも細かい点、たとえばスフィンクスはΣφίγξで、γは「ン」(正確には/ŋ/)になるとか、そういうことはありますが、まあいいでしょう。外国語学習では音が大切ですが、とくに古典語の場合は、専門家でなければ気にしすぎることはないと、少なくともό θεῖοςは考えています。隠れ長音をいちいち指摘するのもこの先やめます。

さて、ギリシア文字は過去の文字ではありません。現代ギリシア語で使われる、バリバリの現役です。文字と発音の関係は古い時代と一部で異なりますが、ギリシアを訪れたら、街中にはこの文字が溢れているわけです。車にταξίってあったら、何のことだか分かるのって、ちょっと嬉しくありませんか。

(ό θεῖος)

ギリシア語通信11

「現在活用がどうにも止まらない」

いよいよ文法に入ります。まだ文字がうろ覚えかもしれませんが、実例に触れながら慣れていきましょう。

古典語の学習は、ラテン語でもギリシア語でも、たいてい動詞の現在活用から始まります。正確には直説法能動相現在というんですが、この漢字の連続がお経みたい。

しかし本当にお経みたいなのは、動詞の活用を唱えて覚えることです。ὁ θεῖοςが勉強した教科書では、λέγω「私は言う」が基本でした。λέγω「私は言う」、λέγεις「あなたは言う」、λέγει「彼・彼女は言う」、λέγομεν「私たちは言う」、λέγετε「あなたたちは言う」、λέγουσι「彼ら・彼女らは言う」。

これを暗唱するまで唱える。ちなみに辞書の見出し語が「私は〜」の形なのは、ラテン語と同じです。

このλέγωで現在活用を覚えるのは、聖書ギリシア語の教科書に多いですが、他の動詞で学んだって、もちろんかまいません。

ギリシア語入門書の定番、うちの大学の「西洋古典語概説」でも使われている田中美知太郎・松平千秋『ギリシア語入門』（岩波書店）では、παιδεύω「教育する」で覚えます。

παιδεύω「私は教育する」、παιδεύεις「あなたは教育する」、παιδεύει「彼・彼女は教育する」、παιδεύομεν「私たちは教育する」、παιδεύετε「あなたたちは教育する」、παιδεύουσι「彼ら・彼女らは教育する」。おお、まさに教育的、でも長いな。

最近、新しいギリシア語の独習書が出版されました。堀川宏『しっかり学ぶ初級古典ギリシャ語』（ベレ出版）は、次の動詞で現在活用を学びます。

παύω「私は止める」、παύεις「あなたは止める」、παύει「彼・彼女は止める」、παύομεν「私たちは止める」、παύετε「あなたたちは止める」、παύουσι「彼ら・彼女らは止める」。

なんと、止まりまくりながら覚えるのです！こうなると現在活用の暗唱もどうにも止まらない？

でもよく見てみれば、παύω「私は止める」はπαιδεύω「私は教育する」からιδεを除いたものなんですね。少しでも短いもので覚えやすくという、著者の配慮が感じられます。だから文句をいわないで唱えよう！

（ὁ θεῖος）

ギリシア語通信12

「ふたりのため 世界はあるの」

前回紹介しました動詞の現在活用を、いちばん長かったπαιδεύω「教育する」で復習しましょう。παιδεύω「私は教育する」、παιδεύεις「あなたは教育する」、παιδεύει「彼・彼女は教育する」、παιδεύομεν「私たちは教育する」、παιδεύετε「あなたたちは教育する」、παιδεύουσι「彼ら・彼女らは教育する」。

この活用形が載っていた田中・松平『ギリシア語入門』には、実はあと二つの形が挙がっていました。

παιδεύετον「あなたたち二人は教育する」、παιδεύετον「彼・彼女ら二人は教育する」。

二つといっても実際は同じ形で、活用表では上下に並んでおり、さらにその横には「双数」とあります。説明によれば双数とは二つを示し、とくにペアになっている場合に用いられるとあります。双数は現代語でもアラビア語、スロヴェニア語、ソルブ語などで使います。スロヴェニア語やソルブ語はスラヴ系の言語ですから、ὁ θεῖοςには親しみがあります。

親しみがあっても、双数は手強いです。スロヴェニア滞在中は、双数でいつも緊張します。カミさんと二人で行動しているので、双数を使うことが多いのです。

ところが古典ギリシア語の場合、双数は二人称と三人称だけ。「私たち二人」のために特別な形はなく、複数を使います。さらに聖書ギリシア語では双数を使わないので、ὁ θεῖοςはどうも苦手です。

古典でも双数が使われるのは限られているようです。堀川宏『しっかり学ぶ初級古典ギリシャ語』によれば古典時代からすでに廃れはじめ、複数で代用されていたと説明されています。

それでもまったく使われなかったわけではなく、プラトーンΠλάτωνは好んで使ったそうですから、触れないわけにもいかないんですね。

単数と複数の他に二つだけの双数があるのは面倒臭いのか、ロシア語も昔は双数があったのに、今では廃れてしまいました。それでも古いロシア語には双数が残っていて、それを調べ上げたのがὁ θεῖοςの修士論文です。廃れつつあるものに惹かれる性格なんです。

だったら廃れつつある双数を使うΠλάτωνも好きになれるかな。

(ὁ θεῖος)

ギリシア語通信13

「対話は苦手なんですが」

ὁ θεῖοςが大学生のとき、プラトーンΠλάτωνの大好きな先生がいました。ギリシア語じゃなくて、西洋古典か西洋哲学の授業だったのですが、なにせ古い話なので記憶も定かではありません。ところが一つだけ鮮明に覚えていることがあって、それはその先生のことばなのです。

「プラトーンの『饗宴』を読んでいないようでは、大学生じゃない！」

文字で書くと過激ですが、それをニコニコというんですね。それで素直なὁ θεῖοςは、へー、そういうものか、じゃあ読んでみようかなと、さっそく文庫本を手にしました。

ところが残念ながら、読んでもちっとも面白くありませんでした。なんというか、対話って苦手なんですよね。しかも橋田壽賀子のような長台詞。ついて行けません。でもまあ、参考になることはありました。たとえば倫理という科目は対話が好きで、二〇二一年の大学共通テストでも、高校生XとYの会話とかいって、意識高い系のお子ちゃまが偉そうなことを喋っております。それって、プラトーン以来の伝統なんですね。

ラテン語通信でもたびたび引用しました柳沼重

剛編『ギリシア・ローマ名言集』（岩波文庫）で、こんな格言を見つけました。

γηράσκω δ' ἀεὶ πολλὰ διδασκόμενος.

つねに多くのことを学びつつ、私は年をとる。

γηράσκωは「年老いる」という動詞の単数一人称。かたちを確認しましょう。

これ自身はプラトーンではなく、古代アテネの政治家ソロンのことばだそうです。プラトーンは『国家』のなかでこれを引用しながら、こんなコメントをつけているそうです。ソロンは年を取ってからも多くのことを学べるといっているけど、信じちゃダメだ。年を取れば、学ぶことは走ることよりもっとダメになる。

日々老いを感じているὁ θεῖοςにも分かります。走るのは常にダメでしたが、頭も疲れてきました。とはいえ、年を取ったなりの学び方はあるかもしれません。大学生としてはダメだったけど、年寄りとして『饗宴』を読むのもいいかな。プラトーン大好き先生のことばは、今になって響いてきました。

（ὁ θεῖος）

ギリシア語通信14

「ゴミじゃないんです」

ギリシア語は動詞の変化が大変ですが、名詞の変化も面倒です。

こういうとき、変化といってしまうと誤解を招きそうで、ちょっと心配。動詞の変化と名詞や形容詞の変化はぜんぜん違います。そこで動詞が形を変えることは「活用」といい、名詞などは「曲用」といいます。

でも活用と曲用じゃ似ていて、混乱しそうですよね。そこで名詞のほうは格変化と呼ぶことにしましょう。

ギリシア語の格は全部で五つです。

主格《しゅかく》・属格《ぞっかく》・与格《よかく》・対格《たいかく》・呼格《こかく》

格というのは、名詞類が文中で主語や目的語などの役割を表すとき、日本語のようにテニヲハを付けるのではなく、語尾を変化させて示すことです。テニヲハを当てはめれば、順番に「ガ・ノ・ニ・ヲ・ヨ」って感じでしょうか。

おや。

こんな話、以前に「ラテン語通信」で読んだような。そうなんです。似たようなものが、ラテン語にもあるのです。ただしギリシア語には「〜カラ」を表す奪格がありません。

どんなふうに形が変わるのか、λόγος「ことば」をもとに単数形だけ見てみましょう。

主格 λόγος　属格 λόγου　与格 λόγῳ
対格 λόγον　呼格 λόγε

ヨーロッパの言語を学んだ人でも、英語やロマンス諸語にしか触れてこなかった方には、難しそうに見えます。一方で、ドイツ語やロシア語を学んだ経験のある人は、出た～、またアレかよ！といった気分でしょうか。とにかく、格ごとに違った語尾があることに注目です。

文字について一つご注意を。λόγος の与格の語尾の文字をよく見ますと、語尾がῳとなっています。ωは知っているけど、ῳってなんだ？

これは「オーイ」つまりωιと同じ音を表します。そのとき、ιを小さくしてωの下に書くことがあって、これを「下書きのイオータ」というそうです。

文字も不慣れなのに妙な表記法が出てきて、ギリシア語は気が抜けません。でもどんなに小さくても ͺ（↑見える？）はゴミじゃないので無視してはいけないんですね。

(ὁ θεῖος)

ギリシア語通信15

「ことば、ことば、ことば（HAMLET）」

前回は格変化の話をしていたのに、最後はῳから「下書きのイオータ」になってしまいました。ラテン語と違って、文字に慣れるだけでも一苦労なギリシア語。それでもめげずに格変化を続けていきましょう。主格 λόγος「ことばが」、属格 λόγου「ことばの」、与格 λόγῳ「ことばに」、対格 λόγον「ことばを」、呼格 λόγε「ことばよ」。

最後の「ことばよ」なんて、いつ使うんだというようなツッコミもありそうですが、まあそんなことといわないで。詩などでは、いろんなものに呼びかけたりするんですよ。それこそが人間の「ことば」。

さて文法についていえば、実はギリシア語には定冠詞があります。だから格変化も定冠詞といっしょに唱えるのが慣習です。

主格 ὁ λόγος　属格 τοῦ λόγου　与格 τῷ λόγῳ
対格 τὸν λόγον　呼格 λόγε

いろんな細かい付属記号がついて、これを入力するのが大変なんですが、どれもゴミじゃないので正確に表記しなければなりません。ちなみに呼格は定冠詞なし。よかった。

さて、同じように格変化のあるドイツ語では、Wort「ことば」はこうなります。

主格 das Wort「ことばが」、属格 des Wortes「ことばの」、与格 dem Wort「ことばに」、対格 das Wort「ことばを」。

名詞は属格以外すべてWortですから、格は定冠詞で判断します。これと比べてギリシア語は定冠詞も名詞も鮮やかに形が変わりますから、どちらからも格が分かります。

文法にはそれぞれ習慣というものがありまして、ドイツ語文法では格を数字で表すことが多いです。

主格＝一格、属格＝二格、与格＝三格、対格＝四格。ギリシア語でも、ときどきこの順番に従って並べることがあり、そのときは呼格＝五格です。

ギリシア語の入門書には、主格、対格、属格、与格の順番で並べるものもあります。格変化を覚えるときにそのほうが合理的な面もありますが、この通信では主格、属格、与格、対格の順番にします。そのほうがドイツ語やスラヴ諸語にも共通しますし、多言語を目指すときはこちらがよいと考えますので。

(ὁ θεῖος)

ギリシア語通信16

「いちばんやさしい入門書」

最近の通信は文法解説ばかりが続いてしまいましたので、今回は話題を変え、本を紹介しましょう。

通信を書くにあたって、いろんな参考書を開いていますが、その中でもっともやさしく書かれていると感じるのは、野口誠『聖書ギリシア語四週間』(いのちのことば社)です。

古典ギリシア語と聖書ギリシア語のうち、わたしの感覚では、古典ギリシア語の入門書のほうが厳し目な気がします。古代の哲学や文学を知るためには、文法をしっかり学ぶ必要があるのでしょう。それに比べますと、信仰のための外国語のほうが、もう少しやさしいようです。

まえがきには「本書の特徴」が五点挙がっています。そのうち二つを引用しますと、「1 新約聖書のギリシア語原典に多少なりとも触れてみたいという願いをもっている方の手助けをすること。2 ギリシア語を学んだことがないという劣等感をいくぶんかは取り除くのにお役に立つこと……」、ああ、やさしいおことば。

そうですよね、新約聖書を学ぶためにはギリシア語の知識のあるほうがいいと分かっているからこそ、まったく触れたことがなければコンプレックスを感じてしまう。それを解決しようというわけです。語学が得意でない人のことを考えているから、やさしいのですね。

格についての説明は、聖書を読むためのギリシア語なので、やはり神さまが登場し、次のような例を挙げながら説明します。

主格 θεός「神は愛である」や「神は語る」。

属格 θεοῦ「神のことば」や「神の子」。

与格 θεῷ「神に栄光があるように」。

対格 θεόν「神を愛する」。

呼格 θεέ「神よ」。

こうやって一つの単語をもとに格の用法を説明する入門書は、実は意外とすくないのです。格の概念はドイツ語などで理解しているのが前提という類書が多い中、このように説明すれば劣等感の解消にも繋がります。

本書のさらなる特徴は、読み物風に読めて、独習書としても教科書としても用いることができ、さらに基本的なことだけを速く学べるようにしたそうです。まさに理想的な入門書ではありませんか。

(ὁ θεῖος)

ギリシア語通信17

「徹底的に数え上げる」

聖書ギリシア語のやさしい理由は、その範囲が新約聖書に限定されていることが大きいでしょう。『聖書ギリシア語四週間』には「重要な動詞の学び」として、新約聖書で五〇〇回以上出てくる動詞が二つ挙げられています。一つはλέγω「言う」で、これはすでに紹介しました。ではもう一つはといえば、それはἔχω「持つ」だそうです。

ἔχω「私は持つ」、ἔχεις「あなたは持つ」、ἔχει「彼・彼女は持つ」、ἔχομεν「私たちは持つ」、ἔχετε「あなたたちは持つ」、ἔχουσι「彼ら・彼女らは持つ」。

活用語尾はλέγωとまったく同じですから、難しいことはありません。

聖書ギリシア語における重要語といっても、別に『聖書ギリシア語四週間』の著者が数えたわけではありません。新約聖書のように徹底的に研究されている文献では、そういう言語統計が整っているのです。

最近入手したWilliam D. Mounce, *Biblical Greek: A Compact Guide*には、巻末に語彙集があ

ります。説明によれば、ここに挙がっている語彙はすべて、新約聖書で十回以上出てくるものであり、その中でも五〇回以上使われる頻出語彙は、色を変えて印刷されています。山川の『世界史用語集』みたいですね。

さらには変化形まで詳しい。たとえばἄγγελος「天使」を引けば、（175, n-2a）と示されています。これはこの単語が新約聖書で一七五回出てくるという意味で、それに続くnは名詞、2aはその変化形を示しています。そこで2aを引いてみますと、そこにはλόγος「ことば」の変化表。ということは主格ἄγγελος「天使が」、属格ἀγγέλου「天使の」、与格ἀγγέλῳ「天使に」、対格ἄγγελον「天使を」、呼格ἄγγελε「天使よ」と変化することが分かります。名詞でも動詞でも、一つ覚えればあとは応用です。

ちなみに『倫理用語集』（山川出版社）で「天使」を引いてみたら、イスラーム教関係の語彙として挙がっていました。開祖ムハマンドは天使ガブリエルから神の教えを授かったとされるからです。その頻度はこの本で最高を示す⑦。こちらも覚えておいて損のない知識でしょう。（ὁ θεῖος）

「ネコも学ぶ聖書ギリシア語」

ὁ θεῖοςは新しく外国語を始めるとき、入門書とは別に単語集を用意します。すでに学習した単語は、その単語集に赤鉛筆で記号をつけることにしていました。大学書林の一五〇〇語シリーズを使うことが多かったです。

ところが古典ギリシア語は一五〇〇語シリーズにありません。もっとも『現代ギリシャ語基礎一五〇〇語』ならありまして、編者は大学院の先輩なのですが、ὁ θεῖοςが学んでいるのは古いギリシア語ですから、これは使えません。

ところで東京の古本屋街といえば神田神保町が有名ですが、早稲田界隈にも古書店がけっこうあります。学生時代はよく散策しましたが、大学に近いため、外国語の教科書や入門書もたくさん並んでいました。

そこで手に入れたのが土岐健治『新約聖書ギリシア語初歩』（教文館）です。確か店先に数百円で放り出されていたと記憶しています。高価なものでしたら、買えませんから。

この本はコンパクトにまとめられた入門書なのですが、練習問題に解答がついていないので、独習にはちょっと厳しいです。ただ文法の解説や変化表が分かりやすいので、ときどき参照していました。

何よりも充実しているのは、巻末の語彙集です。ギリシア文字の活字も見やすい。そこで授業で習った単語は、この本の語彙集に書き込むことにしました。二冊の本に共通する単語は、重要語に違いない。そう考えたわけです。当時はまだ、*Biblical Greek: A Compact Guide* のような参考書が手に入りませんでした。

『新約聖書ギリシア語初歩』は函入りですが、本体はただ黄土色のカバー。それでは寂しいと思ったのか、前の持ち主がビデオテープの背に貼るシールにギリシア語を学ぶネコのイラストを描き、表紙に貼り付けました。ローマ字による氏名と学籍番号が書き込まれていますので、おそらく近くの大学でギリシア語を履修した方ではないでしょうか。

ただ、この本には書き込みなど、使い込んだ形跡が一切ないところをみますと、前の持ち主は外国語より、デザイン方面で能力を発揮されたのではないかと推測されます。

(ὁ θεῖος)

ギリシア語通信19

「複数形は少なめに」

ギリシア語には五つの格があり、これを定冠詞と併せて唱えることが学習の定番でしたが、実はそれだけでは済みません。多くの印欧諸語と同じく、複数形があります。

主格 οἱ λόγοι　属格 τῶν λόγων
与格 τοῖς λόγοις　対格 τούς λόγους
呼格 λόγοι

ああ、面倒くさい。

格の機能はそれぞれ同じ。だから使い方は問題ありませんが、新しい形を覚えるのは学習者には負担ですよね。しかも複数形ってせっかく覚えた割には、例文にあまり出てきませんし。

ところで、ὁ θεῖοςの書くロシア語入門書は、複数形があまり出てきません。独習書はなるべくやさしくしたいので、語彙は極力制限し、文法もなるべく規則的なものに限定しようと、あれこれ工夫します。

そうすると、たとえば複数形はなるべく使いたくないんですね。日本語話者にとっては、格の概念を正しく捉えることが先決ですから、いたずらに複数形を登場させて、混乱させたくないわけです。

ところがロシア語のちょっとばかり分かる評論家がいまして、この人が「複数形の出てこない不自然なロシア語教科書」について新聞で批判したことがありました。どうやらὁ θεῖοςの本らしい。現場を知らない人はこれだから困ります。

名詞の格変化は他にもいろんなパターンがあります。το τέκνον「子ども」は次のように変化します。

【単数】主格 το τέκνον　属格 τοῦ τέκνου
与格 τῷ τέκνῳ　対格 τόν τέκνον
呼格 τέκνον

【複数】主格 τὰ τέκνα　属格 τῶν τέκνων
与格 τοῖς τέκνοις　対格 τὰ τέκνα
呼格 τέκνα

το τέκνονは中性名詞です。変化型はὁ λόγοςとよく似ていますが、主格と対格は単数でτο τέκνον、複数でτὰ τέκναと独自の形があります。呼格はそこから定冠詞τοを省くだけ。まずは単数形から覚えましょう。

そういえば、ロシア語ではдети「子ども」が複数形しかありません。こればかりはὁ θεῖοςも複数で変化形を挙げますから、某評論家もさぞやお喜びでしょう。

(ὁ θεῖος)

ギリシア語通信20

「イザヤ・ベンダサンの声」

蛭沼寿雄『新約・古典ギリシャ語の読み方』（山本書店）は、一九七三年に発行された、カセットテープ付き入門書です。

古典語入門書の音声って、誰が吹き込むのか、いつも不思議なんですが、このカセットテープは書籍のクレジットの後、女性の声でいきなりギリシア語の音読が始まります。

「アイテイテ・カイ・ドセーセタイ・ヒュミーン……」

何の呪文だろうかと訝しく聞いていましたが、しばらくすると日本語で、「求めよ　さらば　与えられん」という「マタイ伝」の一節が流れてきました。Αἰτεῖτε, καὶ δοθήσεται ὑμῖν. なるほど、外国語の勉強を志してページを開く学習者には、相応しいことばですね。

付属の冊子にある「はじめに」によりますと、著者は最近（つまり一九七〇年代）カセットテープ付きの外国語教材がいろいろ出てきたものの、古典ギリシア語については聞いたことがないので、作ることを思い立ったそうです。いろんな意味で勇気のある行動です。

ところが著者は意外なことを述べます。「われわれは教室での講義は、長年の経験から何とかやってのけることはできる。しかし、録音はまったく勝手が違う」。ではどうするのかといえば、「そのため、その分野の熟練者太田はる氏をわずらわせた」そうで、おそらく冒頭の女性の声と思われます。

問題はその先です。「なお、ギリシア語に堪能で、本巻の実現を積極的に進められた山本七平氏にも発音を手伝ってもらった」。山本七平といえば、イザヤ・ベンダサンのペンネームで書いた日本人論『日本人とユダヤ人』が評判となった昭和の評論家。山本書店はその山本氏が社長を務めた出版社ですから、おそらく間違いありません。

ということは、このカセットテープにはイザヤ・ベンダサンの声が吹き込まれているわけです。ただし男性の声は二種類あり、どちらが山本氏かは分かりません。

なお、本書は「新約ギリシヤ語基礎講座（全五巻）」の「前触れ」として刊行したらしいのですが、シリーズは実現しなかったようです。　(ὁ θεῖος)

ギリシア語通信21

「ぶどうは木より酒が好き」

外国語の独習書には練習問題があり、さらには自分で答え合わせができるよう、巻末などに解答がついています。

これはギリシア語だって同じですが、聖書ギリシア語の場合は答えがそのまま挙がっているのではなく、該当する聖書の個所を示していることが多いです。

野口誠『聖書ギリシア語四週間』で「次のギリシア語を音読して日本語に訳しなさい」という問題を見つけました。

ἐγώ εἰμι ἡ ἄμπελος.

このうちἐγώは代名詞一人称単数ですから「わたし」です。エゴイズムegoismのエゴですね。それに続くεἰμιは、いわばbe動詞の現在一人称単数形です。つまりἐγώ εἰμιでI amというわけです。

ἡは女性名詞につく冠詞ですから、あとはἄμπελοςという語を調べればいいだけです。こういうのはたいてい、新出単語に乗っているので探してみると、ありました、ἄμπελοςは「ぶどうの木」だそうです。つまり全部合わせて「わたしはぶどうの木です」となるわけです。

はて？

文法と語彙は間違いありませんが、それにしても意味がイマイチ不安です。そこで解答を見ますと、そこには和訳がなく、「ヨハネ15：5」とありました。これは新約聖書のうちヨハネによる福音書十五章五節を見よという意味なので、さっそく該当箇所を探します。

「わたしはぶどうの木」なるほど、ここですね、でも本文はさらに続きます。「あなたがたはその枝である。もしわたしが人につながっており、またわたしがその人とつながっておれば、その人は実を豊かに結ぶようになる」。どうやらぶどうの木はメタファー表現のようです。

こんな感じで、入門書には本文の一部だけが切り取られていることが多いので、その部分だけの和訳を知るより、前後を読んだ方がよいこともあります。

ヨハネによる福音書はIωと略されることがあります。マタイ伝Mθ、マルコ伝Mκ、ルカ伝Λκも合わせて、四福音書は覚えておきましょう。

(ὁ θεῖος)

ギリシア語通信22

「命短し 襷に長し」

ラテン語で広く知られている名言には、ギリシア語まで遡れるものがあります。

vita brevis, ars longaは伝統的に「人生は短く、芸術は長い」と訳されてきましたが、これはギリシアの医学者ヒッポクラテスの言葉で、柳沼重剛『ギリシア・ローマ名言集』（岩波文庫）によれば、この場合のarsは「芸術」よりも「技術」と解釈すべきだそうです。ギリシア語は次のように表記されていました。

ὁ βίος βραχύς, ἡ δὲ τέχνη μακρή.

このτέχνηが英語のtechnicに対応するから、やっぱり「技術」だろうと。ヒッポクラテスが「医術を学ぶには長い年月が必要だけど、人生は短いから頑張れ」というつもりが、「芸術作品は作者の死後も後世に残るけど、芸術家の生命は短い」になってしまったわけですが、これはこれで味わいがあります。

ラテン語とギリシア語を比べてみますと、vita=βίος, brevis=βραχύς, ars=τέχνη, longa=μακρήで、さらにギリシア語にはὁやἡといった冠詞やδὲのような接続詞がありますが、英語のLife is short, art is long. にあるような、いわゆるbe動詞がありません。ギリシア語には（ラテン語もそうですけど）英語のbe動詞に相当するものがありますが、ここでは使っていません。こういうときは不要なんでしょう。ロシア語みたいです。

その代わり、形容詞に気を遣わなければなりません。

ὁ βίος βραχύς, ἡ δὲ τέχνη μακρή.ではβραχύς「短い」とμακρή「長い」が形容詞で、それぞれβίος「人生」とτέχνη「技術」に結び付いています。語尾が揃っていますから、分かりやすいですね。

そこでこれを使って形容詞と名詞の一致の話をしようと思ったのですが、μακρήがうまく説明できません。だって辞書には男性形μακρός、女性形μακρά、中性形μακρόνとなっていて、ὁ βίος βραχύς, ἡ δὲ τέχνη μακρά.という例を挙げている入門書もありました。文法的にはμακράなら納得いくのですが、μακρήのほうがτέχνηと同じ語尾になって、韻を踏むかのように美しい。う〜む。μακρήとμακρά、その違いをどうやって調べるか、悩んでおります。

(ὁ θεῖος)

ギリシア語通信23

「分け入っても分け入っても青い海」

ギリシア語やラテン語といった古典語は、名言や成句などをもとに紹介すればカッコいいですが、文法的に難しいものが多く、都合のいい例がなかなか見つかりません。前回のὁ βίος βραχύς, ἡ δὲ τέχνη μακρή.「人生は短く、技術は長い」にしても、解決がつかないままですし。

それでも柳沼重剛『ギリシア・ローマ名言集』（岩波文庫）からさらに選んでみます。

θάλαττα θάλαττα.

「海だ、海だ」という意味で、戦争に負けて敗走を続けたギリシア人たちが、苦労の末にたどり着いた黒海を目の当たりにして、感動のあまり叫んだことばだといわれています。海の民ギリシア人にとっては、他所の国でも海が嬉しかったのでしょう。

これはギリシア語も嬉しくて、無冠詞の名詞が二つ並んでいるだけです。種田山頭火の句に「分け入っても分け入っても青い山」というのがありますが、この山を海に変えたら近い感覚になるでしょうか。とはいっても、山と違って海は「分け入れ」ませんけどね。

ここではこんなに簡単なθάλαττα ですが、これが文法書に登場するときには、冠詞付きで格変化が示されます。

主格 ἡ θάλαττα　属格 τῆς θαλάττης

与格 τῇ θαλάττῃ　対格 τὴν θάλατταν

呼格 θάλαττα

こういう変化形に、ὁ θεῖος は常に緊張しています。ロシア語のように長年にわたって親しんでいればともかく、古典ギリシア語なんて自分でもよく分かっていないのに、こんなコラムを書いているんですから、かたちが正しいかどうか、不安で仕方がないのです。

θάλαττα の場合、属格と与格ではアクセントの位置が違ってきます。これはたまたま高津春繁『ギリシア語文法』（岩波書店）に変化表があったので安心ですが、そうでないと調べるのに時間がかかります。現代語と違ってネイティブがいませんので、誰かに質問するというのも難しい。

だからこそ、うまく変化形が分かって、しかもアクセント記号が正しく入力できると、嬉しさのあまりに鼻歌が出そうになるんです。

「タラッタ、タラッタ、ルンルンルン」

（ὁ θεῖος）

ギリシア語通信24

「アルファ・パブでデルタ・カレー」

これまで世界的に流行したウイルス性感染症の名称には、スペイン風邪とかソ連風邪のように、発生地の地名が付けられていました。

二一世紀に世界中で流行ってしまったコロナウイルスは、二〇二一年現在も変異株が次々と現れています。当初は「英国型」とか「インド型」といわれていましたが、そういう具体的な地名が偏見を煽るといけないとの配慮から、アルファ型とかデルタ型のように、ギリシア文字の名称を使うことになりました。

思わぬところで登場したギリシア文字。ところでその二四文字の名称は、日本人にどのくらい知られているのでしょうか。

わたしの研究室でいつも宿題をやっているゼミ生に尋ねてみました。あのさ、ギリシア文字ってどこまでいえる?

「ええと、アルファ、ベータ、ガンマ、デルタ、それから……」

それから?

「……オメガ」

ちょっとちょっと、それは最後の文字だよ。

どうやら日本のようなギリシア語学習率の低い

国では、一部の文字を除いてほとんど知らないようです。

そこで今更ですが、ギリシア文字とその名称をまとめてみました。

Αα アルファ, Ββ ベータ, Γγ ガンマ, Δδ デルタ, Εε イプシロン（エプシロン）, Ζζ ゼータ（ツェータ）, Ηη イータ（エータ）, Θθ シータ（テータ）, Ιι イオタ, Κκ カッパ, Λλ ラムダ, Μμ ミュー, Νν ニュー, Ξξ クサイ（クザイ／クシー）, Οο オミクロン, Ππ パイ（ピー）, Ρρ ロー, Σσ シグマ, Ττ タウ, Υυ ユプシロン（ウプシロン）, Φφ ファイ（フィー）, Χχ カイ（キー）, Ψψ プサイ（プシー）, Ωω オメガ

文字によっていくつかの読み方や表記がある場合は、（）内に示しておきました。

これを眺めてみますと、はじめの四文字以外は知名度がぐっと下がる気がします。もし感染症がきっかけで、日本でもギリシア文字の知名度が上がるとしたら、嬉しいような、嬉しくないような……。

とにかく、変異株が二四種以内で収まることを祈っています。

(ὁ θεῖος)

ギリシア語通信25

「悩める星の王子さま」

意外かもしれませんが、現代文学の古典語訳って、実はいろいろあるんです。わたしの手元には『ハリーポッターと賢者の石』のラテン語訳とか、『不思議の国のアリス』の古英語訳、中英語訳とかがあって、その目的は古典語の学習らしいです。もちろん古典ギリシア語訳もあります。Juan Coderch, *The Little Prince... in Anicent Greek* は、イギリスの大学で古典語を教える先生がまとめました。親しみやすい作品を通して、古典ギリシア語の語彙力を伸ばしてほしいと考えているようです。

古典ギリシア語版『星の王子さま』は、全部で一〇〇ページほどの冊子ですが、冒頭のIntroductionには本書が出来上がるまでの苦労と苦悩が、六ページにわたってとうとうと述べられています。

まずは本書の工夫ポイントの紹介です。本文の欄外には語彙の注釈をつけ、また各章の終わりには内容の理解を確認するために問題を用意しました。教育的な配慮ですね。

教育目的とはいえ、やはり翻訳に当たっては一般書と同じ悩みがありました。つまり、原文に忠実な訳文を目指すべきか、それとも古典ギリシア語らしい構文に書き換えるべきか。著者はこの点について具体的な例を挙げ、詳しく述べています。あまりにも微妙で、何を悩んでいるかを理解するのも大変です。

さらには古典ギリシア語ならではの悩み。王子さまとバラの間に生まれたプラトニックな愛情を訳そうとしたら、古典ギリシア語では τὸ ῥόδον「バラ」も τὸ ἄνθος「花」も、それどころか τὸ βασιλείδιον「王子さま」までもが、すべて中性名詞……。なるほど、これは確かに困ります。

悩みは果てしなく続きます。古典時代にはなかった語彙は現代ギリシア語から補う。それは納得ですが「この作品にはそれほどなかった」。だったら言及しなくても……。

さらにはイラスト。「星の王子さま」といえば誰でも思い浮かぶアレですよね。本書でもそれを収録しているのですが、「印刷費を抑えるために白黒にした」。そんなことイチイチ……。

古典語学者って本当に細かいところまで気にするんですね。

(ὁ θεῖος)

ギリシア語通信26

「暇に任せて語源探求」

ὁ θεῖοςが大学時代にギリシア語を勉強したのはロシア語の歴史を知るうえで必要だったからですが、それでは一般的にはどうかといいますと、やはり英語を深く知るためという動機が多いのではないでしょうか。

市川三喜『ラテン・ギリシヤ語初歩』(研究社)の初版は昭和五年、手元にあるのは昭和五九年の三三版ですから、ずいぶん売れたのでしょう。副題は「英学生の為め」とあり、まさに英語学習者向けに書かれました。市川三喜といえば、日本の英語学を築いた一人。その大先生がラテン語とギリシア語の基礎を紹介した本ですから、広く読まれるのも当然です。

ただしこの二言語に充てた配分は同じではありません。ラテン語が九六ページで、一方ギリシア語は三六ページ。その理由を著者は「英語研究を本位としてのギリシヤ語の知識はそれ程深いことを要しない。ただ字の読み方を覚え、ギリシヤ語から出た英語を基礎として成丈多くの英単語を記憶することを勉めればよい」からと考えています。ということで、本書のラテン語編は文法も合わせて紹介されていますが、ギリシア語編は文字と発音に続く品詞論に変化形などが一切ありません。その代わりに英語との関係を丁寧に示してあります。

ἵππος [híppos], horse (cf. hippopotamus)

ちなみに後半はποταμός「河」ですから、まさに「河馬」というわけ。

hippopotamusと違い、知らない英単語もたくさん挙がっています。

ῥόδον[ródon], rose (cf. rhododendron)

ῥόδονは「星の王子さま」にもありましたが、rhododendronが分からないので辞書を引けば「シャクナゲ、ツツジ」のこと。はじめて知りました。ロシア語でもрододе́ндронだそうで、そのまんまです。

ときにはこんな一言が添えられていることもあります。

σχολή, leisure (cf. school, scholastic)

「学問は暇がなければ出来ぬものなること、此語の意味の発達より知られる」

おっしゃるとおりです。ὁ θεῖοςがこんな「ギリシア語通信」を書いているのは、暇以外の何物でもないですよね。

(ὁ θεῖος)

ギリシア語通信27

「至る所で発見が」

市川三喜先生は、英語学習者にとってギリシア語は文字が読めれば充分とおっしゃいますが、「ギリシア語通信」ではもう少し文法の話をしましょう。

アルキメデスの有名なことばに、次のようなものがあります。

εὕρηκα, εὕρηκα!
「発見したぞ！　発見したぞ！」

王冠の金の純度を測る方法を浴場の湯船の中で思いつき、嬉しさのあまり裸のままで飛び出して、このことばを叫んだとされています。

古典ギリシア語は「ヘウレーカ」ですが、英語ではeurekaになり、発音も「ユリーカ」となって、英和辞典にも感嘆詞として載っています。ちなみにロシア語ではэврикаで、こちらは間投詞。どちらも感情を表す不変化の品詞です。

でも本来のεὕρηκαは、「発見する」という意味の動詞εὑρίσκωの現在完了単数一人称形なのです。ヨーロッパの言語の多くと同じように、古典ギリシア語も過去形がいろいろあります。

現在完了はある動作が過去に完了して、その結果が今に続いていることを表します。だから

εὕρηκαはI have foundに相当すると説明されるわけです。これは分かりますね。

しかし過去は他にもあります。

未完了過去は動作や状態が過去に継続や反復されるときに使います。

さらにアオリスト。なにやらイカの一種みたいですが、これも時制の一種で、ある事実がとにかく過去にあったという様子を表します。

こういうものが、それぞれ単数一人称、単数二人称というように活用するのですから、古典ギリシア語の勉強は大変です。

さて、εὕρηκαからeurekaに戻りますと、現在完了のまま固定されたこの英単語の日本語転写にはいろんな表記がありまして、ユリーカの他にもユレカ、ユーリカ、ユリカ、ユリイカなど多様です。それが固有名詞となって、「ユリイカ」という雑誌があったり、「エウレカ」という小惑星があったりします。

他にもいろいろあって、ちょっと探せばeurekaは、誰でもεὕρηκαできそうです。

（ὁ θεῖος）

ギリシア語通信28

「署名は断固として断る！」

　コナン・ドイル『シャーロック・ホームズの回想』に「ギリシャ語通訳」という話があります。通訳のメラス氏が依頼を受け、辻馬車に乗せられ到着した家には、顔に絆創膏が貼られた男がおりました。依頼人はこの男に質問するので通訳してほしいといいます。ただし絆創膏の男は声を出すことが許されず、石板に文字を書いて答えなければなりません。明らかに異様な事態。

　メラス氏が最初に訳したのは「書類に署名する気があるか」という質問。ジェレミー・ブレット主演のドラマ版では、絆創膏の男がこれに対して石板にこう書きます。

ΠΟΤΕ

　ロシア語にも見えますが、これはれっきとしたギリシア語、しかも現代ギリシア語です。荒木英世『CDエクスプレス 現代ギリシア語』（白水社）の巻末にある単語集には、つぎのようにありました。

πότε　いつ

ποτέ（否定辞と共に）ぜんぜんない

　この場合は二番目の「ぜんぜんない」のほうでしょう。英語だったらneverが対応するのではないでしょうか。

『CDエクスプレス 現代ギリシア語』の著者は『CDエクスプレス 古典ギリシア語』も書いているのですが、このποτεを古典のほうで調べてみますと、こうありました。

ποτέ　かつて、昔

念のため、Pocket Oxford Classical Greek Dictionaryを引いてみれば、πότεがwhen?に対して、ποτεはat any time, once; sometimesとありました（ποτεにはアクセントがなく、enclitic つまり後接語と説明されていますが、逆にonceやsometimesから引けばποτέのようにアクセント記号が付いていました）。

当たり前ですが、現代語と古典語では意味の違うことがあるんですね。

この小説を読んだとき、わたしが予測した現代ギリシア語はόχι つまりnoでした。以前、ギリシアを旅行したときに覚えたんです。反対にyesはναιといいます。

ふと、古典ギリシア語では何ていうのかと思ったのですが、yesはともかく、noは単純な対応が見つかりませんでした。　(ὁ θεῖος)

ギリシア語通信29

「ちょっとだけ現代ギリシア語」

前回は現代ギリシア語について少し触れましたが、ギリシア語は現代と古典のどちらから入門したほうがいいのでしょうか。

一般には、現代語より先に古典語を学習するのはお勧めできません。現代日本語を知らないで、いきなり古文を学ぼうとする人がいたら、皆さんだって止めますよね。古英語や中英語にしても、現代英語抜きで学ぶことはちょっと考えられません。

ところがギリシア語の場合、大学では古典（あるいは聖書）ギリシア語のほうが圧倒的に開講されています。それはつまり、現代語は知らなくても構わないということですよね。

一方でドイツの実業家で考古学者だった『古代への情熱』の著者ハインリッヒ・シュリーマンは、現代ギリシア語を勉強した後に古典ギリシア語の学習を開始しました。語学の天才として有名な彼がそうしたのですから、やはり利点はあるのでしょう。

それでは「ギリシア語通信」をここまで読んできたみなさんが現代ギリシア語を学ぶとしたら、どうやって始めればよいかといえば、それはもちろん違いに注目することです。

現代ギリシア語の概説書によれば、文字と発音について母音の長短の区別がなくなっているとあります。だからοもωも「オ」です。それは楽なのですが、「イ」はη、ι、υ、ει、οιのようにいろいろあるとなると、これは慣れるまで大変です。

とはいえ挨拶を覚えて使ってみたり、ネイティブの発音が聴けたりするのは、現代語のよいところ。興味のある方は福田千津子『ゼロから話せる現代ギリシャ語』(三修社)を覗いていましょう。「覚えるフレーズ」の最初はΓεια σου!「こんにちは」で、これで「ヤ・ス」と読みます。

映画を通して現代ギリシア語に親しみたい方には、古いものなら『日曜はダメよ』(監督：ジュールス・ダッシン)、新しい作品では『ギリシャに消えた嘘』(監督：ホセイン・アミニ)が、どちらも英語と並んで現代ギリシア語が響きまくるので、お勧めです。また『マイ・ビッグ・ファット・ウェディング』(監督：ジョエル・ズウィック)は、ギリシア・エスニックコメディーの傑作です。ぜひご覧あれ。

(ὁ θεῖος)

ギリシア語通信・最終回

「ついにTOGICの時代へ?」

書店で『聖書検定ギリシア語【初級】【上級】』という本を見つけました。

聖書検定協会の発行で、著者はこれまで何度も取り上げました『聖書ギリシア語四週間』の野口誠さん。説明によれば、聖書検定とは聖書から出題される検定試験で、検定を通して聖書を理解し、その真髄を知ることができるとあります。

本書はその公式テキストです。A4サイズの大型本で、文字の大きい点は視力の弱まりつつあるὁ θεῖοςにとってありがたい。しかも全編フルカラー。英語教材では珍しくもありませんが、ギリシア語としては画期的ではないでしょうか。

一冊の中に初級と上級が収録されていますが、そのうち初級編の目次を見ますと、「ギリシア語とその文字」からはじまって、動詞の活用や名詞の格変化、代名詞、形容詞、前置詞など、この「ギリシア語通信」が紹介してきた内容とかなり重なります。ὁ θεῖοςは少し安心しました。

それにしても、聖書ギリシア語のような外国の古典語の検定が日本の通信で受けられるなんて、世の中も変わりましたね。

この公式テキストは語学書としてよく出来てい

ます。表も見やすいし、書き込み式ですから、丁寧に進めて行けば、誰でも一定のギリシア語力がつきます。孤独な独学だからこそ、検定が励みになる方も多いでしょう。ここで得た知識はもちろん、聖書だけでなく、古典ギリシア語理解にも役に立つわけです。

ただご存じのように、ὁ θεῖος は検定が苦手なタイプです。見事に整理された公式テキストを眺めながら、こんな立派な語学書は、ギリシア語はもちろん、ロシア語だって自分では作れないと感じました。

でも、こういったものが作れないからこそ、「ギリシア語通信」なんていうエッセイをゼミ生向きに書いてきたんですね。つまりギリシア語を紹介したいという気持ちは、変わらないわけです。

ということで、この先も勉強したい方には聖書ギリシア語の公式テキストを薦めることにして、「ギリシア語通信」は今回で終了し、ὁ θεῖος はいつもの дядя に戻ります。

（完）

著者紹介

黒田 龍之助（くろだ　りゅうのすけ）
1964年、東京生まれ。上智大学外国語学部ロシア語学科卒業。東京大学大学院修了。スラヴ語学専攻。現在、神田外語大学特任教授、神戸市外国語大学客員教授。
主要著書
『ロシア語のかたち』『ロシア語のしくみ』『ニューエクスプレスプラス ロシア語』『つばさ君のウクライナ語』『寝るまえ5分の外国語』『外国語の水曜日再入門』『ロシア語の余白の余白』『羊皮紙に眠る文字たち再入門』『寄り道ふらふら外国語』『ことばはフラフラ変わる』『もっとにぎやかな外国語の世界［白水Uブックス］』（以上、白水社）、『チェコ語の隙間』『ロシア語だけの青春　ミールに通った日々』（以上、現代書館）、『初級ロシア語文法』『初級ウクライナ語文法』『ぼくたちの英語』『ぼくたちの外国語学部』（以上、三修社）、『ウクライナ語基礎1500語』『ベラルーシ語基礎1500語』（以上、大学書林）、『はじめての言語学』（講談社現代新書）、『大学生からの文章表現』（ちくま新書）、『外国語をはじめる前に』（ちくまプリマー新書）、『ポケットに外国語を』『その他の外国語エトセトラ』『世界のことばアイウエオ』（ちくま文庫）、『語学はやり直せる！』（角川oneテーマ21）、『外国語を学ぶための言語学の考え方』（中公新書）、『物語を忘れた外国語』（新潮文庫）

装丁
三木俊一（文京図案室）

本書は1998年に現代書館より刊行された『羊皮紙に眠る文字たち』を組み替え、増補、改題したものです。

羊皮紙に眠る文字たち再入門

二〇二二年一月一〇日 印刷
二〇二二年一月三〇日 発行

著者 © 黒田龍之助
発行者 及川直志
印刷所 株式会社 三陽社
発行所 株式会社 白水社

東京都千代田区神田小川町三の二四
電話 営業部〇三(三二九一)七八一一
編集部〇三(三二九一)七八二一
振替 〇〇一九〇-五-三三二二八
郵便番号 一〇一-〇〇五二
www.hakusuisha.co.jp
乱丁・落丁本は、送料小社負担にてお取り替えいたします。

誠製本株式会社

ISBN978-4-560-09883-7
Printed in Japan

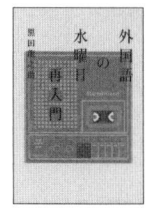

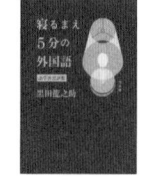

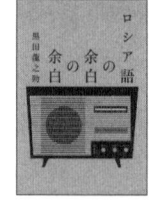